행복을 묻는 당신에게

11인의 마음 주치의가 알려주는 행복의 기술

행복을 묻는 당신에게

2판 1쇄 발행 2020. 10. 27.
2판 3쇄 발행 2023. 6. 26.

지은이 김아리

발행인 고세규
편집 구예원 **디자인** 유상현 **마케팅** 이헌영 **홍보** 김하은
발행처 김영사
등록 1979년 5월 17일(제406-2003-036호)
주소 경기도 파주시 문발로 197(문발동) 우편번호 10881
전화 마케팅부 031)955-3100, 편집부 031)955-3200 | **팩스** 031)955-3111

값은 뒤표지에 있습니다.
ISBN 978-89-349-8790-1 03180

홈페이지 www.gimmyoung.com   블로그 blog.naver.com/gybook
인스타그램 instagram.com/gimmyoung   이메일 bestbook@gimmyoung.com

좋은 독자가 좋은 책을 만듭니다.
김영사는 독자 여러분의 의견에 항상 귀 기울이고 있습니다.

이 책은 2019년 8월 26일에 발행한 《올 어바웃 해피니스》를 새롭게 펴낸 것입니다.

All about happiness

김아리 엮음

행복을 묻는 당신에게

11인의 마음 주치의가 알려주는 행복의 기술

김영사

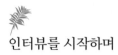

인터뷰를 시작하며

노벨문학상을 받은 대문호 모리스 마테를링크Maurice Maeterlinck 는 희곡 《파랑새》(보통 동화책으로 알려져 있다)에서 행복이 가까이에 있음을 보여줌으로써 저 멀리 지평선 너머 행복을 찾던 인간들 에게 새로운 시각을 열어주었다. 그런데 알코올중독이거나 가정 폭력범인 아버지, 폭력을 방치하는 어머니, 친구를 때리고 왕따 시키는 급우들 틈에서 오늘 먹을 쌀을 걱정해야 하고 아무리 노 력해도 나아지지 않는 현실에 살고 있다면 어떻게 가까이에서 행복을 찾을 수 있을까? 《파랑새》를 보고 행복을 알게 됐다는 사 람을 볼 때마다 《파랑새》를 보고 절망할 사람들이 떠올랐다. 그 의문의 끝에서 이 인터뷰를 기획했다. 고통은 어디에서 오며 그 고통은 어떻게 극복할 수 있는지, 그리고 마침내 어떻게 행복하 게 살 수 있는가에 대해 행복학자, 심리학자, 정신과 전문의 들 에게 묻고 싶었다.

김용태 초월상담연구소장, 김태형 심리학자, 김혜남 정신과 전문의, 문요한 정신과 전문의, 박미라 마음 칼럼니스트, 서은국 심리학과 교수, 이무석 정신과 전문의, 이승욱 정신분석가, 이인수 정신과 전문의, 조선미 정신과 교수, 조수경 스포츠심리연구소장 등 열한 분의 전문가들이 나의 질문과 화두에 등대가 되어주셨다. 다들 바쁜 스케줄을 쪼개어 소중한 시간을 인터뷰에 할애해주셨으며 이분들의 저작들 또한 나의 질문에 답이 되어주었다. 진심으로 감사드린다. 비록 인터뷰를 고사하셔서 책에 실리지는 못했지만 소설가 김형경 선생님의 심리학 저작들 또한 이 책에 큰 길잡이가 되어주었음을 밝힌다. 이 인터뷰 기획을 흔쾌히 지면에 연재해준〈한겨레21〉길윤형 편집장과 허윤희 기자에게도 감사의 인사를 전한다. 무엇보다도 인터뷰 연재가 나가던 당시 이메일과 SNS를 통해 뜨거운 반응과 질문을 보내주신 독자분들께 감사드린다. 나 자신이 그 과정에서 많은 격려와 배움을 얻은 만큼, 이 책의 독자분들께 조금이나마 되돌려드릴 만한 게 있다면 더할 나위 없이 행복하겠다.

김아리

김혜남
×
김태형
×
서은국
×
이무석

1

행복은
관계에서
얻을 수
있어요

고통은 어디에서 오는가

100만 독자의 마음을 위로한 의사

김혜남 ── 정신과 전문의

김혜남 정신과 전문의는 의사로 한창 잘나가던 40대 초반 파킨슨병 진단을 받았다. 개업의인 남편의 병원 운영도 안정되면서 정신분석을 더 심도 깊게 공부하려고 미국 유학을 준비하던 때였다. 그는 한 달 동안 천장만 보고 누워 있었다고 한다. 처음 병을 알게 되었을 때 왜 자신에게 이런 일이 생긴 건지, 도대체 무슨 잘못을 했기에 이런 감당 못 할 불행이 찾아온 건지 도무지 이해가 되지 않았기 때문이다. 그러다 "왜 오지도 않은 미래를 끌어다가 현재를 망치고 있지?"라는 생각이 퍼뜩 들어 자리에서 벌떡 일어났다고 한다. 그 뒤로 《서른 살이 심리학에게 묻다》 등의 책을 펴내

많은 독자의 공감을 얻었고 13년 동안 환자를 더 돌보았다. 물방울의 신비로움에 빠져 물방울을 주제로 사진전도 열었고 최근에는 스마트폰으로 그림을 그려 그림 에세이집을 펴내기도 했다.

정신과 전문의 김혜남

고려대학교 의과대학을 졸업하고 정신과 전문의로 30년간 일했다. 2001년 마흔세 살에 파킨슨병을 진단받은 뒤 병을 앓으며 깨달은 것들을 《서른 살이 심리학에게 묻다》 《심리학이 서른 살에게 답하다》 《어른으로 산다는 것》 《오늘 내가 사는 게 재미있는 이유》 《오늘을 산다는 것》 《당신과 나 사이》 《어른이 되면 괜찮을 줄 알았다》 등의 책으로 펴냈고 베스트셀러 작가 반열에 올라섰다. 2006년 한국정신분석학회 학술상을 수상했다.

정신분석 등 많은 심리치료의 목적은 '지금 여기'의 삶에 집중하게 만드는 것이다. 많은 사람이 과거에 대한 분노와 후회, 미래에 대한 불안과 근심으로 현재의 삶을 살지 못한다. 과거는 상처고 미래는 두려움이기 때문이다. 삶의 고통과 시련을 어떻게 받아들여야 하는지 안다면 세상은 좀 더 살 만해지지 않을까. 자택에서 병을 돌보며 지내고 있는 김혜남 정신과 전문의를 찾아갔다. 과거와 미래 대신 '지금 여기'의 삶을 누구보다도 충만하게 살고 계신 분이기 때문이다. 선생님이라면 고통을 딛고 나아가는 법을 알려주시지 않을까.

언제부터 스마트폰으로 그림을 그렸나요?

몇 년 전 어느 봄날에, 나비가 막 날아다니는 이미지가 떠올라서 스마트폰으로 그려봤어요. 나비 두 마리에 각각 남편 얼굴과 제 얼굴을 그려 넣고 남편에게 '봄꽃놀이 가자'고 문자를 보냈어요. 그랬더니 남편에게 '그래 언제 한번 가자'고 답이 왔는데 여태까지 못 갔어요. 그게 최초의 그림이었는데 그게 재미있어서 친구들에게 얼굴을 그려서 보내주고 남편이 사업이 안 될 때도 위로하는 그림을 그려 보내주곤 했어요. 그러다가 차츰 제가 그리고 싶은 그림들도 더 그리기 시작하면서 본격적으로 그리게 되었죠.

스마트폰으로 그림을 그리는 것에 어떤 매력이 있나요?

스마트폰은 늘 곁에 있으니까 언제든지 생각이 떠오르면 바로 바로 그릴 수 있다는 매력이 있죠. 친구들에게 문자 대신 보낼 수도 있고, 단체 카톡방에 올려줄 수도 있고. 손이 느리기 때문에 단체 대화를 따라가기가 어려워요. 내가 한마디 하려고 하면 친구들의 대화는 이미 저만치 가 있거든요. 그러면 그림 한 장을 쓱 그려서 올려줘요.

손이 느려도 조급해하지 않고 오히려 그림을 한 장 그려 답변을 하신다니 시간에 휘둘리지 않는 선생님의 삶의 방식이 여기서도 보이는 듯했다.

저서들을 보면 제목에서나 내용에서나 '오늘'을 많이 강조합니다.

아프며 살다 보니까 매 순간순간이 참 소중하다는 걸 느끼게 돼요. 현재가 모여서 미래가 되고, 현재가 흘러가서 과거가 되기에 오늘을 살고 그때그때를 사는 게 굉장히 중요하다는 걸 뼈저리게 느끼게 됐어요. 현대인들은 그걸 자꾸 잊어버리고 과거에 집착하거나 미래를 위해 현재를 희생하죠. 그러다 보니 오늘을 살면서 느낀 것들을 쓰고 그리게 되었어요.

30년간 정신과 의사로 일하면서 접한 환자들이 가장 많이 호소하는 고통은 무엇인가요?

가장 많이 호소하는 고통은 관계 내의 고통입니다. 관계는 부모-자식, 친구, 직장 동료, 애인 등의 형태가 있는데, 사실 그 관계는 결국 자기와의 관계예요. 자기를 믿고 자기 자신을 객관화하면서 자기를 좋아하게 되면 남들을 좋아하게 되고 남들도 자기를 좋아할 수밖에 없어요. 그래서 자기와의 관계, 즉 자기를 믿고 신뢰하고 자기를 좋아하는 게 중요해요. 관계의 기본은 나와의 관계이기 때문이죠.

인간의 다양한 고통에 공통되는 핵심이 있을까요?

고통의 공통된 핵심은 '상실'이에요. 상실의 대상은 사람일 수도 있고 건강, 이상, 꿈, 돈일 수도 있는데, 그 상실을 어떻게 받아들이느냐가 참 중요합니다. 그래서 제 책《어른으로 산다는 것》은 실은 상실에 대해 쓴 책입니다. 어른으로 살기 위해선 상실을 잘 받아들여야 된다는 거거든요. 아동기의 상실을 받아들이지 못하면 '피터팬'이 되고, 성인기에 젊음의 상실이나 꿈을 이루지 못한 것을 받아들이지 못하면 우울증에 빠지게 되죠.

많은 환자들이 관계의 고통을 호소한다고 했는데, 그 관계의 고통 역시 욕망의 상실에서 오는 건가요?

그렇습니다. 우리가 욕망하지 않으면 고통도 없어요. 욕망이 이루어지지 않으니까 고통을 느낍니다. 인간에겐 여러 가지 욕구가 있습니다. 자신에 대한 자신감, 자존감, 자기감에서부터 의식주가 해결되어야 하는 욕구, 안전에 대한 욕구, 인정에 대한 욕구가 있는데 그런 욕망이 상실될 때 고통이 있어요. 특히 현대에서는 남들이 자기를 어떻게 인정하느냐, 즉 인정에 대한 욕구가 굉장히 중요합니다. 현대사회가 핵가족화 되면서 양육이 가정에서 사회로 넘어갔죠. 어렸을 때부터 어린이집, 유치원을 다니게 되면서 남들에게 어떻게 보이는지가 굉장히 중요해진 것입니다. 부모들은 집에 온 아이들에게 "오늘 유치원에서 선생님에게 칭찬받았니?" 하고 물어봅니다. 타인에게 잘 보여야 한다는 것을 은연중에 심어주죠. 매스미디어에서도 대중에게 '좋게 보이는' 사람이 돈을 벌고 성공하는 사회가 됐어요. 남들에게 못나 보일까에 대한 불안과 버림받는 것에 대한 공포가 심해진 것이죠.

인간의 삶은 고통과 시련의 연속인데, 고통과 시련 속에서 어떻게 행복을 느끼며 살 수 있을까요?

인간의 삶은 고통과 시련의 연속이 아니라, 고통과 시련도 있지만 행복하고 즐거웠던 시간도 많습니다. 인생은 항상 고통과 시련과 행복과 즐거움이 왔다 갔다 하는 시간이죠. 인간의 뇌에 기억센터가 감정센터 바로 옆에 있어요. 그래서 행복한 기억들은 금방 잊고 강력한 감정을 가진 고통과 시련에 대한 기억이 더 많이 떠올라요. 우리가 남편과 좋았던 기억은 다 잊어버리고 항상 연애 때부터 서운하게 한 것만 기억나는 건 그래서죠.

"시련은 그릇을 단단하게 만들기보다 찌그러뜨리기 쉽다"는 말이 있습니다. 어떤 사람은 시련을 겪으며 단단해지고, 어떤 사람은 주저앉는데, 이 차이는 어디서 생기는 걸까요?

시련을 극복하기 위해선 두 가지 요소가 필요해요. 하나는 주위에 얼마나 많은 사람들이 도와주고 진정으로 자기를 염려해주는가 하는 것입니다. 그건 단 한 사람이라도 괜찮습니다. 제 아버지는 어려서 아버지를 잃고, 혼자 장사하면서 빚을 갚고 자식을 키우는 어머니 아래서 매를 많이 맞으며 자랐어요. 그런데 옆집 할아버지가 그렇게 아버지를 귀여워했다고 해요. 그분은 아버지가 학교 마치기를 기다렸다가 반갑게 아버지의 이름을 불러주셨다고 합니다. 그 할아버지가 아니었다면 아버지

"옆집 할아버지가 그렇게 아버
지를 귀여워했다고 해요. 그분
은 아버지가 학교 마치기를 기
다렸다가 반갑게 아버지의 이름
을 불러주셨다고 합니다. 그 할
아버지가 아니었다면 아버지는
엇나갔을 거라고 말씀하셨어요.
누군가 한 사람이라도 자기를
믿어주는 사람이 있으면 시련을
극복할 수가 있어요."

는 엇나갔을 거라고 말씀하셨어요. 누군가 한 사람이라도 자기를 믿어주는 사람이 있으면 시련을 극복할 수가 있어요. 또 하나는 자기 자신에 대한 믿음과 인생에 대한 믿음이죠. 시련은 결과가 아니고 과정일 뿐이라는 믿음이 있어야 합니다. 시련 없이 행복한 사람도 없고 시련 없이 성공한 사람도 없어요.

IMF 사태가 터지고 실직과 도산으로 노숙자가 많이 양산되었습니다. 어떤 사람들이 빨리 털고 일어난 반면, 어떤 사람들은 20년이 지난 지금까지도 자포자기 상태로 남아 있습니다. 그걸 가르는 차이는 어디에서 생길까요?

몇 년 전에 실직한 강남의 중산층 가장이 두 딸과 부인을 살해한 사건이 있었죠. 자신이 실패했다는 사실을 남에게 노출하고 싶지 않아서 실직했다는 사실을 3년간 숨겼다고 하잖아요. 혼자 그걸 비밀로 간직하다 보니 결국 그 분노가 이상하게 터진 거죠. 실패했을 때, 실패했다는 걸 솔직하게 인정하고 창피해하지 않는 것이 중요해요. 질병은 자랑하라는 말이 있어요. 저는 실패도 떠들고 다니라고 합니다. 그래야 기회가 옵니다. 마침 어딘가 자리가 났을 때 오라는 사람이 있어요. 그런데 실패를 숨기고 혼자서 끙끙거리면 아무도 모릅니다. 그러면 기회도 사라져요. 또 실패에서 일어나지 못하는 사람들의 특징은 옛날의 상태(좋았던 시절)를 잊지 못하는 것입니다. 과거에 집착하지 않고 지금 여기에서 최선을 다하는 모습이 자식에게 보여줄 수 있는 가장 큰 유산이에요. 유산이 꼭 돈만은 아닙니다. 과거에 연연하지 않고 현재에 최선을 다하는 모습을 보여야 아버지로서 존경을 받습니다. 혼자서 다 해결하려고 하면 자신도 힘들지만, 가족과도 대화와 소통이 단절되어 가족 역시 힘들어지죠.

> 선생님께선 자신에게 찾아온 고통을 어떻게 극복했는지 궁금했다. 30년간 인간이 가진 온갖 고통을 상담해온 전문가였기에 보통 사람과 다르게 고통을 극복한 대처법이나 노하우가 있을 것 같았다. 그게 혹시나 유대인 수용소에서 살아남은 정신과 의사 빅터 프랭클Viktor Frankl이 창안한 '로고테라피logo therapy'가 아닐지 궁금했다. 로고테라피란, 고통의 의미와 삶의 의미를 찾아냄으로써 자신이 처한 상황을 한결 가볍게 받아들이게 되는 치유법이다.

정신과 의사 빅터 프랭클은 '고통의 의미' 나아가 '삶의 의미'를 찾는 것이 극한 상황에서도 살아남을 수 있는 방법이라고 말했습니다. 고통을 어떻게 해석하느냐가 고통을 이겨내는 데 중요한가요?

'양날의 검'입니다. 사람들은 어떤 일을 당했을 때 내가 왜 이런 일을 당하는 건지, 내가 무슨 잘못을 했는지 자문합니다. 저도 그랬지요. 인간은 어떤 일을 당했을 때 그 이유를 찾으려고 하는 경향이 있습니다. 그래야 다음번에 똑같은 반복을 피할 수 있기 때문입니다. 그래서 외부에서 이유가 찾아지지 않으면 자기 내부에서 찾게 됩니다. '내가 그때 이런 생각을 해서, 이런 잘못을 해서, 벌을 받는구나'라고. 다시 말해 처벌로 받아들입니다. 그러면 그 죄책감에 사로잡혀서 헤어날 수 없게 됩니다. 사실 고통이 왜 오는지 모릅니다. 질병이 왜 오는지, 사고가 왜 발생했는지, 왜 우리 부모만 일찍 돌아가셨는지 모릅니다. 그 이유를 해석하고 찾으려 하다 보면 오히려 자기 속에 함몰될 수 있어요. 그래서 고통을 그냥 인생의 한 부분으로 받아들여야 합니다. 인생에는 어떤 일이든 일어날 수 있고, 누구에게나 어떤 일이든지 일어날 수 있으며, '나에게도 그게 일어났구나' 하고 받아들이는 게 중요해요.

선생님께서 병을 진단받고, 한 달 만에 자리에서 일어날 수 있었던 동력은 무엇인가요? 자신에게 일어난 고통의 의미를 찾지 않고 그냥 바로 받아들인 건가요?

저도 한 달 동안은 굉장히 우울해서 침대에 누워 천장만 보고 있었어요. '나에게 왜 이런 일이 일어났지? 난 열심히 산 죄밖에 없는데'라며 울고 한탄했죠. 그동안 애도 과정을 충분히 거친 것 같습니다. 그런데 어느 날 생각이 딱 들더라고요. '내가 왜 이러고 있지? 나에게 달라진 건 아무것도 없는데. 나는 그대로 나인데. 단지 달라진 것은 현재가 좀 불편한 것과 미래가 좀 불확실해진 것인데. 현재의 불편은 일을 줄이고 거기에 맞춰 살면 되는 것이고, 미래가 불확실한 건 지금 이 집이 무너져서 우리가 죽을지도 알 수 없는 것이다. 오지도 않은 미래를 끌어다가 현재를 망치고 있다'는 생각이 퍼뜩 들었어요. 그러면서 '오늘'에 집착하게 되었고, 내가 사는 세상이 달라졌어요. 병을 진단받던 시점에 저는 정신분석학회에서 촉망받던 의사였고 남편이 개업을 하고 안정이 되면서 미국에 가 더 공부를 해서 국제공인 정신분석자격증을 따려던 꿈이 있었는데 그 꿈을 포기해야 했습니다. 그래서 그 꿈 대신 책을 쓰게 됐어요. 글을 잘 쓴다고 생각해본 적도, 글을 잘 쓴다는 소리를 들어본 적도 없는데, 책을 쓰기 시작한 거죠. 그 과정에서 세상은 참 공평하다는 걸 느끼게 됐어요. 하나를 잃어버리면 하나가 오는구나. 잃어버린 것에 집착하다 보면 오는 걸 받아들이지 못합니다. 글을 씀으로써 정신분석가로서 한 사람을 집중적으로 분석하던 일에서 대중들에게 이야기를 건네는 일로 전환되었습니다. 만약 그때 미국에 가서 공부를 했다면 나를 노출하거나 저술하는 작업을 하진 않았을 거예요. 그런데 그 삶이 행복할지, 이 삶이 행복할지는 모르죠. 그 삶이 있었다면 또 그 삶에 만족하고 살았을 것이고, 지금은 이 삶이 있으니까 나에게 주어진 게 이 임무인가 보다 생각하며 살고 있죠.

미국의 정신과 의사 엘리자베스 퀴블러 로스Elizabeth Kubler Ross는 사람은 감당하기 어려운 충격적인 고통이 있을 때 '부정denial - 분노anger - 타협bargaining - 우울depression - 수용acceptance'의 다섯 단계를 거치면서 받아들인다고 했습니다. 선생님께서는 그 단계를 한 달 만에 다 거친 것인가요?

지금도 거치고 있어요. 지금은 웃고 있지만, 혼자서 울기도 하고 한탄할 때도 있습니다. 그러지 않으면 제가 사람이 아니지 않나요. 병이 악화될 때는 기어 다니지도 못할 만큼 힘들고, 얼마 전까지는 너무 기력이 빠져서 '잠자는 숲속의 공주'라고 스스로 별명을 짓기도 했어요. 매일 생명력이 빠져나가고 있음을 느끼거든요. 나에게 남은 시간이 얼마 남지 않았음을 느끼면서 이제 나머지 시간을 어떻게 써야 하는가에 대한 생각을 많이 합니다. 수용까지의 단계는 한 번에 끝나는 게 아니고 계속 반복하는 겁니다. 그 작업은 계속되고 있고, 앞으로도 계속될 거예요. 세상에 어떤 감정이든 한꺼번에 해결할 수 있는 사람은 없습니다.

"고통을 그냥 인생의 한 부분으로 받아들여야 합니다. 인생에는 어떤 일이든 일어날 수 있고, 누구에게나 어떤 일이든지 일어날 수 있으며, '나에게도 그게 일어났구나' 하고 받아들이는 게 중요해요."

고통에 대해 끝끝내 수용까지 가지 못하고 부정이나 분노 단계에서 멈춰 있는 사람도 많습니다. 어린 시절 갑작스럽게 부모를 잃거나 어린 자녀를 잃거나 하는 고통은 수용까지 가기가 참 어렵잖아요.

그것은 인생을 어떻게 받아들이느냐 하는 태도에서 좌우됩니다. 자식을 충분히 사랑해줬으면 오히려 자녀의 죽음을 받아들이기 쉽습니다. 자기가 줄 수 있는 사랑을 주었다면 그 아이가 자기 가슴속에 있기 때문이죠. 자식도 부모에게 충분히 사랑받으면 부모의 죽음을 오히려 받아들이기 쉽습니다. 그런데 부모에 대한 양가감정이 많았을 경우 죄책감이 많아집니다. 그러면 받아들이기가 힘들고 부정을 하게 되고, '우리 부모는 안 죽었고 어딘가 살아 있을 것'이라며 평생을 헤매게 되죠. 오히려 그때그때 사랑한 사람들이 훨씬 더 받아들이기가 쉽습니다. 결국은 그 순간순간을 충실하게 사는 게 중요하다는 거죠.

병의 판정을 받으시고 나서 그 전과 그 후의 삶에서 달라진 점이 있다면 무엇일까요?

발병 이후 제가 '달팽이'가 되었다고 농담으로 말해요. 워낙 느리게 움직이다 보니 내 몸이 집이고, 내 집을 서서히 끌고 다니는 달팽이가 된 것 같은 기분이에요. 그런데 달팽이가 되어서 좋은 점은, 천천히 다니니까 주변의 것들이 보이기 시작했다는 거예요. '마이크로 월드micro world'가 열렸다고나 할까요. 꽃들이 얼마나 예쁜지, 물방울이 얼마나 아름다운지, 세상에 얼마나 다양한 존재들이 있는지 알게 되었어요. 매일 아침 6시면 정원에 나가는데, 매일매일 꽃들이 달라지고 풀들이 달라지는 걸 보면서 매일매일 새로운 걸 느끼고 새로운 세상을 맞이해요. 옛날 같았으면 다 똑같이 보였을 거예요. 그렇게 세밀한 것들에 대한 감각이 깨어났고 인생을 좀 더 관조하게 되었습니다.

선생님께선 행복이 어디에 있다고 보시나요?

영국 신문 〈타임스The Times〉에서 가장 행복한 사람에 대한 정의를 독자로부터 모집하여 순위를 매겼더니 다음과 같이 나타났어요. 1위는 모래성을 막 완성한 어린아이, 2위는 아기를 목욕시키고 난 어머니, 3위는 세밀한 공예품을 만든 뒤 휘파람을 부는 목공, 4위는 어려운 수술을 성공리에 마쳐 막 생명을 구한 의사였어요. 이 결과를 보면, 우리가 정말 행복을 느끼는 순간은 내가 해야 할 일을 해낸 순간 혹은 내가 타인에게 중요한 존재임을 느낄 때란 걸 알 수 있습니다. 그저 맛있는 것을 먹는다고 행복하진 않지만 사랑하는 사람과 대화를 하면서 맛있는 음식을 먹으면 참 행복하죠. 관계에서 사랑을 받고 사랑을 주고 있다는 느낌, 내가 가치 있는 사람이라는 느낌과 내가 남에게 쓸모 있는 사람이라는 느낌이 행복입니다.

어떤 자세로 삶을 살아야 행복하게 살 수 있을까요?

인생은 불행과 행복이 왔다 갔다 하는 겁니다. 이걸 파도타기 해야 됩니다. 불행이 오면 불행해질 수밖에 없어요. 그런데 그게 끝이 아니거든요. 끝이라고 생각하면 진짜 끝입니다. 제가 항상 얘기하듯이 한 발짝씩 나아가야 해요. 한 발짝 한 발짝씩 나아가다 보면 다른 곳에 가 있기도 하죠. 세상에 행복하기만 한 삶은 없어요. 세상 누구의 삶이든 그 안에 들어가 보면 다 고됩니다. 근데 그 고된 것을 어떻게 받아들이냐가 중요합니다.

또 남과 비교하지 않는 것이 중요합니다. 내가 모래성을 쌓았는데 옆의 아이가 엄마랑 더 큰 모래성을 쌓은 걸 보고, '아 이렇게 다양한 모래성이 있구나' 하면 되는데 '내 모래성은 왜 이것밖에 안 되지?' 하고 발로 부숴버리면 쌓아놓은 걸 다 물거품으로 만들고 불행해지는 것입니다. 인생은 행복하기만 한 것도 아니고 절대 불행하기만 한 것도 아니라는 것을 받아들이고 남과 비교하지 않으면 훨씬 더 쉽게 파도를 탈 수가 있어요.

많은 사람들이 오늘을 살기보다는 과거나 미래에 살고 있습니다. 특히 한국은 미래를 위해 현재를 희생하는 삶을 강조하잖아요. 미래에 대한

불안이 강한 시대에 어떻게 오늘에 집중하며 살 수 있을까요?

미래를 불안해하면 미래가 해결이 되나요? 오늘을 열심히 살다 보면 미래는 어디론가 가게 마련이죠. 환자들에게 늘 말씀드립니다. "당신이 그렇게 불안해하고 그걸 걱정한다고 해서 해결이 된다면 방 안에 들어가서 걱정만 하세요"라고요. 덧붙여 이렇게 말씀드리지요. "걱정한다고 해결되지 않으면 잊어버리고 현재에 할 수 있는 일을 하십시오."

고통은 그저 인생의 한 부분이자 삶이라는 모자이크의 조각임을 받아들이는 것. 그것이 고통을 대하는 해법이었다. 원인을 알 수 없는 고통도 있고, 의미도 찾을 수 없는 고통도 있다. 해석되지 않는 불행은 꼼짝달싹할 수 없는 '덫'과 같다. 또 어떤 해석은 생의 발목을 잡는 진짜 '덫'이 되기도 한다. 시련을 자신의 탓이라 생각하며 자책하고 있던 사람이라면, 김혜남 선생님의 답변을 듣고 조금은 마음이 편해지지 않았을까. 나 또한 그날 인터뷰를 하러 가면서 들었던 자잘한 걱정들이 훨씬 가벼워짐을 느꼈다.

한국인들은 왜 불행한가

한국인의 집단 심리 전문가

김
태
형
——

심
리
학
자

이별을 통보한 연인의 일가족을 살해하는 극단적인 현상이 늘어나는 이유는 무엇일까? '자살공화국'이라고 불리는 한국의 자살 원인과 급증 이유는 무엇일까?

언론이 이런 질문에 대한 답을 얻고 싶을 때 달려가는 학자가 바로 김태형 사회심리학자이다. '정치적 중립을 표방하며 학문의 커튼 뒤에 숨는 일은 전혀 체질이 아닌, 싸우는 심리학자'인 김태형 소장은 주류 심리학에 대한 실망과 회의로 심리학계를 떠나 한동안 사회운동에 몰두하다가 중년에 다시 심리학계로 돌아온 남다른 이력이 있는 학자다. 전투적인 자기소개와 달리 따뜻한 웃음이 넘치는 김태형 소장은 이 같은 이력 덕분에 기존 심리학의 긍정적인 점은 계승하면서 오류와 한계를 비판하는 데 주저하지 않는다. 심리학이라는 이론을 현실에 적용하고 분석하는 작업에 관심이 많다. 그간 다양한 저서와 강연을 통해 한국인의 집단 심리를 치열하고 생생하게 파헤쳐왔고, 2017년 대선을 앞두고는 문재인, 안철수, 유승민, 이재명 등 대선후보의 심리를 분석한 책《대통령 선택의 심리학》으로 큰 화제가 됐다.

심리학자 김태형

고려대학교 심리학과를 졸업하고 같은 학교 대학원에서 임상심리학을 공부했다. 현재 심리연구소 '함께'(cafe.naver.com/psykimcafe)의 소장으로 일하며 《불안증폭사회》《트라우마 한국사회》《대통령 선택의 심리학》《누구에게나 어린 시절의 상처가 있다》《월북하는 심리학》 등을 펴냈다.

한국의 국민소득 1만 달러 돌파, OECD 가입, 2만 달러 돌파 소식엔 대대적인 팡파르가 울려 퍼졌다. 그러나 3만 달러 돌파 소식은 오히려 국민들의 빈축을 샀다. 자살률은 부동의 1위에다 행복지수는 최하위권이기 때문이다. 개개인의 행복을 논하기 전에 대체 왜 한국인들은 언제부터 이렇게 불행했는지 따지지 않을 수 없었다. 그래서 김태형 선생님의 연구소 문을 두드렸다.

한국인들의 자살률은 높고 행복지수는 낮습니다. 한국인들이 불행한 이유는 무엇인가요?

생명체에는 기본적인 행복의 조건이 있습니다. 그건 자기 본성을 실현해야 행복해진다는 거죠. 개는 개답게 살아야 행복하고 새는 새답게 살아야 행복합니다. 호랑이가 풀만 뜯어먹고 살면 행복할 수 없잖아요. 한국인들이 불행한 이유는 인간 본성이 전혀 실현되지 않기 때문이죠.

실현되어야 할 인간의 본성이란 무엇인가요?

인간이 반드시 실현해야 할 본성이 몇 가지 있어요. 대표적인 게 사랑과 자유죠. 이것은 아주 기본적인 본성으로 이걸 상실하면 인간이라고 볼 수가 없습니다. 예를 들어 '사랑을 주고받지 못하고 고립되어 있지만 행복하다'는 건 불가능하고 '구속받고 억압받는 노예지만 행복하다'는 건 성립할 수 없습니다.

한국인의 경우, 이런 본성적인 욕구 좌절이 극단적으로 심해졌어요. 그래서 자살을 많이 하고 출산을 하지 않는 겁니다.

한국이 인간 본성을 실현하기 어렵게 된 계기가 있을까요?

IMF 사태가 중요한 계기였어요. 1987년 민주화항쟁을 전후한 시기까지는 한국인들이 인간의 본성 실현 쪽으로 접근하고 있었어요. 더 많은 자유와 더 많은 민주적 권리를 향한 행군의 시절이었으니까요. 인간관계도 그럭저럭 괜찮았어요. IMF 이후 신자유주의 체제가 되면서 새로운 구속이 시작되었습니다. 군부 독재라는 눈에 보이는 폭력은 사라졌지만, 눈에 보이지 않는 쇠사슬이 생겼어요. 이때부터 인간관계가 악화되고 공동체가 거의 해체 수준이 되었습니다. 그러면서 한국인들의 심리가 급격하게 나빠졌어요. 1990년대부터 20년간 자살률이 4배 상승했다는 것이 그 근거죠. IMF 사태 이후 한국인의 정신건강이 얼마나 급속도로 악화되었고 불행해졌는지를 단적으로 보여주는 지표입니다.

신자유주의가 인간관계를 악화시킨 이유는 무엇인가요?

신자유주의의 특징은 승자독식의 원리입니다. 1등에게 몰아주고 나머지는 너무 적게 준다는 거죠. 이런 소득격차가 연예계,

스포츠계, 학계 등 전 영역에서 진행되고 있습니다. 이렇게 격차가 벌어지면 1등과 나머지의 관계가 나빠지는 건 당연한데, 신자유주의는 나머지 사람들끼리도 싸우게 만듭니다. 비정규직, 정규직으로 나누고 성과급, 업무평가제, 직무평가제 등을 도입해서 서로를 대립하고 경쟁하는 관계로 바꿔버렸습니다. 그러니 공동체가 다 깨졌어요. 1등과 나머지 간의 사이가 더 악화되는 가운데, 나머지 패자들 사이에서도 관계가 악화된 것입니다. 그러면 개인은 파편화되죠.

1990년대 초반까지만 해도 한국은 승자와 패자 간의 관계는 나빴어도, 패자들 사이의 관계는 비교적 좋았습니다. 학교 급우들 사이, 공장의 노동자들 사이, 회사 동료들 사이가 좋았죠. 그런데 IMF 사태와 신자유주의 체제를 거치면서 공동체가 다 깨졌어요. 옆 동료와의 관계까지 다 깨지면서 모두 고립자, 고독자가 되었습니다. 이렇게 되면 여러 가지 사회적 부작용이 생기는데, 대표적인 게 이기주의가 심해지는 것입니다. 그전까지는 '우리'를 기준으로 세상을 봤다면, 이젠 '나'를 기준으로 보게 되었죠.

그리고 모두가 경쟁관계니까 사람을 무서워하게 됩니다. 경계하고 무서워하고 상처받다 보니까, 미워하게 되죠. 그러면 인간혐오가 심해집니다. 인간혐오가 심해지면 대표적으로 생기는 현상이 '약자혐오'죠. 이게 왜 행복지수를 결정적으로 떨어뜨리느냐면, 인간에게 있어서 가장 기본적인 욕구가 '사랑의 욕구'이기 때문입니다. '매슬로의 인간 욕구 5단계 이론Maslow's hierarchy of needs theory'에도 나오듯이, 생리적 욕구physiological needs와 안전 욕구safety needs 다음에 충족되어야 할 단계가 바로 사랑과 소속의 욕구love and belonging needs입니다. 인간이 인간답게 살려면 기본적으로 이 욕구가 충족되어야 합니다. 개인으로 고립되면 이런 게 충족이 안 되죠. 즉, 인간이 가장 필요로 하는 기본적인 양식이 결여되는 것입니다. 인간은 그저 생물로서 먹고 배부르다고 행복한 존재가 아니에요. 인간은 사회적 존재로 살아야 행복한데, 그 첫 출발이 사랑을 주고받는 것입니다. 이게 안 되니까 급격하게 불행해질 수밖에 없죠.

한국은 IMF 사태 말고도 식민지배, 6·25전쟁, 군부독재 등의 큰 역사적 상처들이 많은데, 지금 이 시점에 한국인에게 가장 큰 심리적 영향을 끼친 사건은 IMF 사태와 신자유주의라고 보시나요?

식민지배와 전쟁, 독재 같은 역사적 사건들이 공동체를 깨기도 했지만, 기본적인 공동체는 있었기 때문에 독립운동도 했고 민주화운동도 일어난 겁니다. 공동체가 다 부숴지면 그런 운동이 일어날 수 없거든요. 옛날엔 공동체가 사람들의 고통을 치유할

"인간은 그저 생물로서 먹고 배부르다고 행복한 존재가 아니에요. 인간은 사회적 존재로 살아야 행복한데, 그 첫 출발이 사랑을 주고받는 것입니다. 이게 안 되니까 급격하게 불행해질 수밖에 없죠."

수 있는 공간이었습니다. 힘들면 위로받고 지지받고 격려 받던 관계가 있었다는 거죠. 반면 IMF 사태와 신자유주의 체제는 공동체를 다 깨버렸습니다. 지금은 혼자 다 감당하고 있습니다. 이게 가장 치명적입니다.

그런데 한국인은 IMF 사태 이전에도 일중독과 자녀교육 중독이 심했잖아요. 원래부터 불안과 공포가 심한 사회는 아니었을까요?

IMF 사태가 동기를 더 나쁜 쪽으로 바꾸었습니다. 예를 들어 영화 〈국제시장〉의 주인공이 일중독입니다. 그가 일중독인 건 공동체를 위해서였죠. 적어도 자기 가족을 위해서 희생하는 거였잖아요. 그때의 고통은 지금처럼 '돈 못 벌면 나는 이 사회에서 낙오되고 인간 취급을 못 받는다'는 공포에 쫓기면서 일하는 것과는 완전히 다르죠. 그러면 첫째는 보람이 없어요. 타인을 사랑하기 위해서 한 희생은 보람이 있지만, 무서워서 쫓기듯이 달려가면 보람이 전혀 없습니다. 허무한 삶을 피할 수가 없죠.

심리학에서 사람의 마음을 구성하는 건 인지 – 동기 – 감정이라고 하는데요. 그 틀에서 보면 한국인들은 현재 상황을 '낙오하면 죽는다'라고 인지하고 그래서 '살아남기 위해 죽도록 노력해야 된다'는 동기를 가지다 보

니 극도의 불안과 공포에 시달리는 거잖아요. 이런 틀에서 보면 한국인들의 인지-동기-감정이 너무 자연스럽고 당연한 거 아닌가요?

'돈이 없으면 사람 취급을 못 받고 자식 교육도 못 시키고 인간답게 살 수 없다'고 생각하는 현실 인지는 맞습니다. 하지만, 해결책이 옳지 않습니다. 그걸 해결할 수 있는 게 돈이라고 인지하는 게 틀렸습니다. 내가 불행한 이유가 가난해서가 아니거든요. 돈이 없다는 사실 때문이 아니라 사람대접을 못 받으니까 불행한 건데, 사람들은 그래서 어떻게 하면 사람대접을 받을 수 있을까 고민한 결과, 그 대답이 돈이라고 착각하는 겁니다. 사랑과 인정에 대한 욕구, 나아가 자존에 대한 욕구가 충족이 안 돼서 불행한 건데, 돈이 없어서 불행하다고 착각하는 거죠. 이렇게 생각하게 만든 게 신자유주의 체제입니다.

북유럽만 가도, "너 왜 불행해?"라고 물어보면 "돈이 없어서 불행하다"고 답하는 사람은 거의 없어요. 심지어 덴마크에서 '행복'과 관련된 것을 고르라는 설문을 했는데, '돈'이라고 답한 사람은 0퍼센트였습니다. 시스템이 다르면 발상도 달라집니다. 돈이 행복을 좌우한다고 생각하지 않습니다. 한국은 돈이 행복을 좌우하는 것처럼 만들어놓았어요. 돈이 없으면 너무 심한 고통을 겪게끔 사회가 돌아가니까, 사람들이 하나같이 돈에 집착하게 되었지요.

'돈이 없어서 불행하다'는 게 대표적 '인지오류'라는 놀라운 지적이었다. 신자유주의의 확산으로 관계와 공동체가 깨지면서 인간에게 기본적으로 충족되어야 할 사랑과 존중의 욕구가 채워지지 않아서 불행한 것인데, 돈이 없어서 불행하다고 착각하고 있다는 것이다. 즉, '문제는 돈이 아니라 관계'라는 것. 나 역시 이 심각한 인지오류를 범하고 있음을 깨달았다.

그럼 사회안전망이 없어서 돈에 집착하게 되고, 돈과 행복의 관계도 착각하게 되는 건가요?

공동체가 없어서죠. 존중을 못 받아서입니다. 많은 사람들을 임상적으로 만나보고 연구해본 결과, 한결같은 문제가 존중받지 못하는 겁니다. 자기를 무시한다는 거죠. 그러니 돈에 집착하게 되는 겁니다. 돈이 좀 더 있으면 존중받을 거라고 믿는 거죠. 비유적으로 말해, 대기업 공장 노동자는 야근, 특근을 해서 연봉이 제법 되지만, 전혀 행복하지 않고 자녀들을 잡아요. 화이트칼라가 되라고. 울산 공장 지대에 가면 사교육이 어마어마합니다. 그럼 4년제 대학교를 졸업한 대기업 화이트칼라는 어떨까요? 역시 행복하지 않아요. 또 자녀를 서울대 가라고 잡습니다. 하지만 막상 서울대 나온 아버지들도 행복하지 않기 때문에 아이들을 유학 보내죠. 이걸 보면 한국은 계층, 재산 유무와 상관없이 모두가 불행합니다. 각자 자기가 있는 위치에서 더 올라가면 행복해질 거라고 착각하고 있으니 문제입니다.

초등학생을 상대로 심리 실험을 한 다큐 프로그램이 있었는데, 또래집단에서 사이가 좋은 아이들은 500원짜리 동전을 그려보라고 하면 작게 그린 반면, 친구들과 사이가 나쁜 아이들은 동전을 아주 크게 그리더라고요. 다시 말해 관계가 나쁜 아이들이 돈에 부여하는 의미가 크다는 게 그 다큐의 주제였는데, 이러한 현상도 같은 맥락일까요?

그렇습니다. 아이들이 친구들과의 사이에서 인간적으로 대접받고 잘 지내면 자기 과시를 하지 않습니다. 친구들에게 무시당하는 아이들이 친구들에게 어떻게든 인정받고 싶어서 과시하려는 게 있어요. 이 아이들은 친구 관계에 끼고 싶은데, 자꾸 밀어내니까 어떤 식으로든 낄 수 있는 방법을 찾는 거죠. 관계에서 배제당하고 추방당하는 걸 못 견디는 겁니다. 그래서 그걸 하려면 뭐든지 하는데, 한국인들은 돈이 있으면 관계에서 받아들여질 것이라고 착각하고 있는 거죠.

그럼 어떻게 해야 관계에 대한 욕구를 충족시킬 수 있을까요?

돈에 의해 행복이 좌우된다는 착각을 버려야 해요. 행복은 관계, 공동체에 의해 좌우됩니다. 관계와 공동체가 깨진 게 얼마나 심각한 문제인지 깨달아야 하고 이걸 복원하기 위해선 다른 걸 희생해도 좋다는 입장을 가져야 합니다. 관계와 공동체가 깨지고 나서 경제성장을 해봐야 소용이 없어요. 히말라야에 위치한 부탄은 우리보다 경제적으로 열악하지만 행복지수는 높아요. 왜냐면 관계가 좋기 때문이죠. 경제성장이든 사회발전이든 항상 관계를 더 건강하게 만드는 쪽으로 가는 게 이상사회입니다. 예전엔 이상사회를 말할 때 경제성장과 기술발전을 중요하게 언급했는데, 이제 그게 우리를 행복하게 해주지 못한다는 게 드러나지 않았나요? 그러니 이젠 비전을 바꿔야 합니다.

신자유주의는 전 세계적인 추세인데, 왜 한국인만 유독 높은 자살률을 보이는 등 더욱 크게 불행감을 느끼는 걸까요?

한국은 다른 나라와 달리 집단주의적 성향이 매우 강합니다. 우리는 5천 년 넘게 한곳에 모여 공동체를 이루며 살아왔고, 내부적인 전쟁과 반목도 많지 않았습니다. 기본적으로 공동체의 관계가 지속적으로 유지돼 왔죠. 5천 년간 이렇게 살다 보니 강력한 집단주의적 성향이 형성됐어요. 그래서 한국인은 '나'보다 '우리'를 굉장히 중시했죠. 한국인은 관계에 대한 욕구의 수준이 굉장히 높습니다. 한국인은 서로 마음이 통하고 말 안 해도 알아주는 관계를 원합니다. 이렇게 관계에 대한 요구 사항이 높은 민족이다 보니 이 요구가 충족되지 않았을 때 좌절감도 큰 거죠. 서양은 개인을 중심으로 사고해서 옛날부터 고독이 항상 문제가 됐고, 과거부터 자살이 있었어요. 한국은 자살이 거의 없었습니다. 원래부터 고독하게 살았던 민족이 좀 더 고독해지는 것과 전혀 고독하게 살았던 적이 없었던 민족이 갑자기 고독을 경험할 때 후유증은 비교할 수 없습니다. 각종 정신건강 문제와 자살 문제가 급격하게 터져 나온 건, 우리의 전통적인 심리가 완전히 배신당하고 좌절당한 결과죠.

선생님은 저서 《트라우마 한국사회》에서 한국인을 네 가지 세대로 나누었는데요. 1950년대에 출생한 좌절세대, 1960년대 출생한 민주화세대, 1970년대에 출생한 세계화세대, 1980년대에 출생한 공포세대로요. 이 가운데 그나마 행복한 세대와 불행한 세대는 무엇일까요?

민주화세대와 세계화세대가 그나마 행복했습니다. 유년기에 놀았기 때문이죠. 유년기에 놀았다는 건 학대를 당하지 않았다는 겁니다. 학대라는 건 부모의 통제와 공부하라는 정서적 압력을 말합니다. 좌절세대는 전쟁 직후라서 부모들의 정신상태가 좋지 않아서 놀지 못했죠. 1960년대부터 4·19혁명으로 독재자를 끌어내리는 경험을 하고 경제성장이 시작되면서 부모들이 여유가 생겨 자녀들을 놀게 했어요. 1970년대까지 이어져서 더 많이 놀게 해줬죠. 그런데 1980년대에 부모들은 걱정하기 시작하면서 자녀들에게 공부하라는 협박을 시작했습니다. 민주화, 세계화 세대만이 유일하게 어렸을 적에 자유를 좀 누렸던 세대입니다. 그래서 에너지가 있어요. 게다가 민주화세대는 젊었을 때 자기 손으로 정권을 끌어내렸잖아요. 세상을 바꾸는 경험과 6월항쟁이라는 승리의 체험까지 더해져 잠재력이 풍부합니다. 그래서 장년기에도 심리적으로 가장 안정된 세대일 수 있습니다. 세계화세대는 어린 시절이 민주화세대보다 더 나았을 수 있습니다. 경제적으로 더 풍족함을 누렸고 권위주의는 덜 경험하면서 민주주의를 더 경험했으니까요. 그런데 청년기부터 세계화 이데올로기에 많이 잠식되며 각개 약진을 했던 세대라는 약점은 있어요. 공포세대는 어릴 때부터 '돈 없으면 거지 된다'는 압박에 너무 옥죄이면서 자랐고 청년기에도 변변한 저항도 못해보고 공동체를 경험해보지 못했던 세대라 굉장히 개인주의화되어 있고 무력해져 있습니다. 빨리 사회가 바뀌지 않으면 향후 나이가 들었을 때 정신건강이 가장 걱정되는 세대이기도 합니다. 1980년대 출생자보다 1990년대 출생자들이 더 나쁠 것이고, 2000년대 출생자들은 더 나빠질 거예요.

각 세대별로 행복할 수 있는 방법 같은 것이 있다면 무엇일까요?

세대를 막론하고 인간존중의 사회로 가야 합니다. 그렇지 않으

김태형

40 / 41

면 행복해질 수 없어요. 그러기 위해선 우선 소득격차, 자산격차를 줄이고 안전망을 확보해야 합니다. 동일노동 동일임금제, 기본소득제, 임금최저선 같은 법적 장치를 통해 격차가 줄면 북유럽처럼 사람을 돈으로 평가하지 않게 되죠. 행복은 각개약진해서 돈을 벌어서 이뤄지는 게 아닙니다. 지금처럼 아등바등 돈 벌고 출세한다고 행복해지는 게 아니라는 걸 알아야 해요. 그런데 이렇게 되려면 국민의 인식이 바뀌어야 합니다. 차별과 무시 없이 인간을 인간으로 대하는 사회가 되어야 한다는 우리 스스로의 인식 전환이 필요하죠.

대개의 사람들이 자기 자신은 노력해서 상위 그룹에 진입할 수 있다고 생각하다 보니까 격차를 줄이는 제도적 개선에 관심이 없는 거 같은데요. 선생님은 어떻게 보시나요?

다들 자신의 지금 모습을 혐오하고 있어요. 가난한 사람들이 가난한 자기를 부끄러워하면 가난한 이웃을 위한 복지정책에 반대하게 됩니다. 가난한 사람들은 지금은 가난하지만 자기가 노력해서 조금 있으면 부자가 될 것이라 생각하기 때문에 부자에게 도움이 되는 정책을 지지하죠. 결국, 인간이 자기를 사랑하고 존중하는 게 얼마나 중요한지를 보여줍니다. 한국사회는 돈으로 사람을 너무 차별하니까 가난한 자기를 사랑할 수가 없고 창피한 거예요.

왜 가난하고 차별받는 사람들이 부자에게 도움이 되는 정책을 지지하
는지 오래전부터 의문이었다. 심리학적으로 '자기혐오'와 연결돼 있다
는 선생님의 설명이 오랜 의문을 풀어주었다. 자기 자신을 어떻게 여
기느냐가 자신의 정치적 행위와도 직결된다는 사실이 흥미로웠다.

**한국인의 불행이 한국사회에서 비롯된 것이라면, 이를 어떻게 해결할
수 있을까요?**

먼저, 의식혁명을 해야 합니다. 너무 많은 이들이 돈이 인간을
평가하는 척도라는 사고방식에 물들어 있어요. 자신부터 이런
사고방식을 버려야 남들이 나를 돈 없다고 무시하지 않을까 하
는 걱정으로부터 자유로워집니다. 나아가 남들을 설득할 수 있
어요. 다음으론, 돈과 이익을 기준으로 맺어지는 관계에서 벗어
나 정말로 친밀하고 건강한 관계를 만들어가야 합니다. 가정에
서부터 말이죠. 요즘은 가정에서부터 돈으로 자식을 대해요. 공
부 못 하면 사람 취급을 안 하죠. 가정에서부터 공동체가 복원
되어야 합니다. 공부와 상관없이 자식을 무조건 사랑하고 존중
해주는 부모가 되어야 합니다. 가정과 가까운 친구 사이에서부
터 관계를 복원해야 됩니다. 세 번째는 자신이 속한 영역에서
민주주의를 실현해야 합니다. 선거를 통해 대통령을 뽑으니까

정치적 민주화는 어느 정도 이뤄졌지만, 우리는 기층에서 민주주의를 실현한 적이 없습니다. 광장에선 정치의 주인인데 노동자가 공장의 주인이 된 적이 없고, 학생이 학교의 주인이 된 적이 없고, 직장에선 사장에게 직언했다간 잘리잖아요. 비민주적인 군사주의 문화, 권위주의 문화를 공동체를 통해 극복해야 합니다. SNS에서는 진보와 민주를 얘기하는데 회사에서는 사장에게 비인간적 대우를 받으면 괴리가 생깁니다. 이게 일치될 때 정신이 양호해지고 변혁 의지와 능력이 생깁니다. 불일치를 해소해야 합니다.

의식혁명이 핵심적인 방안인가요?

개인적 차원에선 그런데 사회적 차원에선 대대적인 사회개혁을 해야 하죠. 관계회복의 문제를 해결하지 않으면 어떤 개혁도 성공할 수 없다는 걸 현 정부가 알아야 해요. 이걸 해결하지 않으면 한국인이 인간으로서 존중받지 못하는 느낌은 언제든 불거져 나오거든요. '그럼 뭐가 변했지?' 하며 내 삶은 여전히 똑같다고 느낄 거거든요. 돈을 좀 준다고 해결될 문제가 아니고 의식 자체를 바꿔줘야 합니다. 공동체 복원, 관계 복원을 완전히 해결하지는 못하더라도, 적어도 공론화할 수는 있습니다. 지금 당장 해결이 안 돼도 희망이 보이고 비전이 보이면 인간

"성경에는 천국의 모습이 두 가지로 묘사돼 있습니다. 하나는 젖과 꿀이 흐르는 사회, 즉 물질이 풍부한 사회입니다. 배고프면 행복할 수 없으니까요. 또 하나의 모습은 사자와 양이 사이좋게 노는 곳입니다. 성경도 천국의 조건을 두 가지로 보는 거죠. 하나는 물질적으로 어느 수준에 도달해야 되는 것입니다. 또 하나는 관계가 좋아야 한다는 거죠."

은 감내할 수 있어요.

성경에는 천국의 모습이 두 가지로 묘사돼 있습니다. 하나는 젖과 꿀이 흐르는 사회, 즉 물질이 풍부한 사회입니다. 배고프면 행복할 수 없으니까요. 또 하나의 모습은 사자와 양이 사이 좋게 노는 곳입니다. 성경도 천국의 조건을 두 가지로 보는 거죠. 하나는 물질적으로 어느 수준에 도달해야 되는 것입니다. 또 하나는 관계가 좋아야 한다는 거죠. 사자가 양을 먹고 있으면 양의 입장에서 행복하지 않잖아요. 이 두 가지 과제 중에서 우리는 생산력의 문제는 거의 도달했고 관계 측면은 형편없어요. 관계 수준이 생산력을 못 따라가고 있는 겁니다. 그나마 많이 개선한 쪽이 북유럽입니다. 우리는 지금 어떻게 하면 과학기술을 더 발전시킬까 고민할 게 아니라, 어떻게 하면 건강한 인간관계를 보장해줄 수 있는 새로운 사회체제를 만들 것인가에 관심을 집중시켜야 합니다.

선생님은 지금 행복하신가요?

인간은 이웃의 고통 속에서 행복할 수 없죠. 이웃이 행복해야 나도 행복하죠. 대한민국 전체가 고통을 겪고 있는데 어떻게 행복할 수 있겠습니까? 그럼에도 불구하고 내가 상대적으로 행복한 이유는, 인간 본성 실현의 중요성을 알기 때문에 가정에서부터 그걸 실현하려고 애쓰고 있고 그래서 자녀들과의 관계, 친구들과의 관계가 좋고 사회가 무엇이 잘못돼 있는지 알고 그걸 바꾸기 위해 애쓰는 데서 오는 만족과 보람이 있기 때문입니다. 일제강점기에 가장 행복했던 사람은 독립운동가이고, 군부독재 시대에 가장 행복했던 사람은 민주화운동을 했던 사람들이라고 저는 생각해요. 밝은 미래를 향해서 뭔가를 하고 있었기 때문이죠.

심리학자를 찾아가서 '동일노동 동일임금제', '기본소득제', '임금최저선' 등의 단어를 듣게 될 줄은 예상하지 못했다. 한국사회라는 지표에 단단히 발을 붙이고 있는 학자답게 한국인이 불행할 수밖에 없는 이유에 대한 구조적, 역사적 설명은 명쾌했고, 해법 역시도 구체적이고 실질적이었다. 특히 "일제강점기에 가장 행복했던 사람은 독립운동가이고, 군부독재 시대에 가장 행복했던 사람은 민주화운동을 했던 사람들"이라는 인터뷰의 마지막 대목이, 아주 오래도록 귓전에 남았다.

진화론적 관점에서 본 행복의 본질

세계 100대 행복학자

서은국 심리학과 교수

　　서점에 가면 제목에 '행복'이라는 글자가 들어간 책을 수십 종 아니 수백 종을 만날 수 있다. 하지만 그 책들의 저자 중 '행복'을 학문적으로 연구한 사람은 거의 없다. 한국에서는 아직 행복학이라는 학문도, 행복학자라는 명함도 낯설다. 서은국 교수는 학부에서 심리학을 부전공으로 하다 우연히 에드 디너Ed Diener 교수가 쓴 행복에 대한 논문을 읽게 된다. "행복에 대한 연구를 하는 사람이 아무도 없었던 때라, 이런 것도 공부한다는 게 신기해 관심이 생기게 되었다"는 그는 심리학을 더 공부하기 위해 유학을 선택하고, 당시 전 세계에서 유일하게 행복을 다루는 연구실로 향했다. '외모적 매력과 행복의 상관관계', '권력과 행복의 상관관계' 등 행복에 관한 많은 논문을 썼으며, 그의 논문들은 OECD 행복 측정 보고서에 참고자료로 사용되는 등 세계에서 가장 활발하게 인용되는 행복 심리학자 중 한 명이다. 서은국 교수는 행복을 연구한다고 해서 더 행복해지는 것도 아니고, 행복 강의를 듣는다고 더 행복해지지 않는다고 말하지만, 그의 강의에는 항상 대기자가 넘쳐난다.

심리학과 교수 서은국

연세대학교 졸업 후 미국 일리노이대학교에서 행복 분야 권위자인 에드 디너 교수의 지도를 받고 심리학 박사 학위를 받았으며, 현재 연세대 심리학과 교수로 재직 중이다. 세계에서 가장 많이 인용되는 행복 심리학자 중 한 명으로 '세계 100대 행복학자'에 선정된 바 있으며 저서로는 《행복의 기원》, 공저로는 《아이가 사라지는 세상》 등이 있다.

인류 역사상 '최초의 행복론자'로 불리는 철학자 아리스토텔레스가 "인생의 궁극적 목적은 행복"이라고 말한 이래, 과연 어떨 때 인간은 행복을 느끼는지에 대한 연구가 광범위하게 이뤄졌다. 하버드 졸업생 추적 연구, 하와이 카우아이 섬 신생아 추적 연구 등 많은 심리학, 행복학 실험들과 광범위한 설문 조사에서 '관계'가 행복의 중요한 조건임을 결론 내렸다. 그렇다면 왜 '관계'가 인간의 행복에 미치는 영향이 그토록 큰 것일까? 이 의문에 대해 명쾌하게, 그것도 행복과 관련짓기에는 다소 생소한 진화론적, 생물학적 관점으로 설명하는 '세계 100대 행복학자' 서은국 선생님을 찾아갔다.

선생님의 저서 《행복의 기원》은 기존의 행복에 대한 책과 굉장히 다릅니다. 보통 행복에 관한 책들은 인간은 행복을 느끼기 위해 사는 것이고, 그래서 행복하기 위해선 어떻게 해야 된다고 말하고 있는 반면, 이 책은 '인간은 생존을 위해 행복감을 느낀다'라고 진화론적 관점에서 행복을 이야기하고 있는데요.

학계에서는 진화론을 연구하는 사람들과 행복을 연구하는 사람들이 전혀 다른 세계에 있어요. 제가 보기에 이 두 세계가 굉장히 밀접한 관계가 있는데, 이 두 세계 사이에 벽이 있어서 전혀 커뮤니케이션이 없습니다. 진화론에서는 인간이 생존을 위해 감정을 느낀다고 얘기하지만, 행복에 대해서는 이야기하지 않습니다. 행복에 대해 이야기하는 사람들은 아리스토텔레스식으로 '행복이 인간의 가장 숭고한 가치'라고 말하죠. 행복이라는 건 엄밀히 말하면 존재하지 않는 것이죠. 만져지는 것도 아니고 물이나 컵과 같이 존재하는 것도 아니고 결국 인간이 머리로 만들어낸 관념입니다. 이 관념은 인간의 가치, 욕망, 이상을 바탕으로 만들어낸 일종의 허상이라고 생각합니다.

행복과 가장 관련이 있는 현상은 사실 '쾌감pleasure'입니다. 먹고 자는 것, 영화를 보면 즐거운 것 등을 다 포함하는 넓은 의미의 쾌감입니다. 이 쾌감을 빼놓고 행복을 얘기할 수는 없습니다. 사람마다 문화마다 다르게 조합된 쾌감 덩어리를 행복이라고 합니다. 쾌감은 뇌에서 만들어진 경험인데, 이것의 본질에 대해서는 생물학, 진화론적 관점에서 생각해볼 필요가 있습니다. 그렇게 고찰해보면 묘하게도, 행복 연구에서 그동안 내린 큰 결론과 진화론적인 결론이 일치합니다.

방금 언급하신, 행복 연구와 진화론적 관점에서의 일치하는 결론은 무엇인가요?

첫째, 돈이나 물질, 학력 등의 객관적인 조건들이 행복을 크게 결정짓지 못한다는 것이죠. 이것이 행복에 대한 30년간 연구의 큰 결론입니다. 진화론적 관점에서 '감정'은 생존에 유리한 것에는 접근하게 하고 위험한 것으로부터는 도망가게 만드는 일종의 신호예요. 신호는 무언가 하나 좋은 것을 얻었다고 해서 영원히 켜져 있으면 안 됩니다. 공복에 점심을 먹으면 좋아야 되지만, 조금 있다가 꺼져야 다시 저녁 먹을 생각을 하게 되죠. 이것을 '리셋reset'이라고 말할 수 있는데, 지금껏 객관적인 조건들이 영원한 행복감을 못 만드는 이유가 바로 여기에 있어요. 내가 좋은 집을 사면 영원히 좋아야 하는데 그렇지 않은 이유는, 내가 그곳에 영원히 만족하면 더 큰 집을 살 생각을 안 하게 되기 때문입니다.

둘째, 그럼 행복에 가장 중요한 게 무엇이냐고 했을 때 그건 사회적인 경험입니다. 행복한 사람들의 특성은 무조건 사회적 자극이 많습니다. 왜 사회적인 자극이 이렇게까지 중요할까요? 행복에 대한 연구에서는 그 질문 자체를 던지지 않아요. 그냥 사회적인 자극이 중요하다고만 말합니다.

그런데 진화론적으로 보면, 호모 사피엔스라는 동물은 원래 먹이사슬의 중간에 위치하고 있었어요. 그런데 이들이 먹이사슬의 위로 올라가게 된 이유는, 가장 빠르고 힘이 세기 때문이 아니라 지능이 가장 높았기 때문입니다. 그런데 지능이 왜 높아졌는지에 대한 최근의 연구들을 보면, 갑자기 영양분이 높아져서가 아니라 인간이 '슈퍼소셜한 사회생활'을 했고 그것을 하기 위해서 수반되었던 것이 높은 지능이었죠. 사회적 생활 여부가 생존을 갈랐기 때문에, 거기서 살아남기 위해서 필요했던 것이 머리를 쓰는 것이었습니다. '저 사람이 지금 무슨 생각을 하고 있지?', '내가 거짓말을 해도 저 사람이 믿을까?', '저 사람이 지금 좋다고 하는데 그게 진짜일까?' 이것이 가장 고차원적인 사고인데, 이 사고 때문에 지능이 높아졌어요. 추위와 더위, 음식과 같은 생물학적인 자원을 제외하면, 호모 사피엔스의 생존을 좌우했던 절대적인 자원은 사람이었습니다.

쾌감이 생존에 이점이 되고 필요한 것에 관심을 갖고 쫓아가게 만드는 것이라면, 당연히 쾌감 신호는 생존에 가장 중요한 자원을 찾을 때 켜지죠. 그래서 먹는 즐거움이 가장 크고 섹슈얼한 욕구도 크고, 그것 못지않게 큰 것이 사회적인 욕구입니다. 이 같은 사회적 쾌감 신호가 켜지지 않은 인간은 친구를 사귈 마음을 전혀 갖지 않았을 것이고, 혼자 있는 게 편했을 텐데 그런 사람들은 옛날에 다 죽어버렸어요. 즉, 그런 유전자는 다 사라졌죠. 지금은 슈퍼소셜한 호모 사피엔스만 남았어요. 이들은 무리에 함께 있었고, 함께 있기 위해서는 음식만큼이나 사람을 선호했으며, 선호하도록 만드는 쾌감이 있었습니다.

사회성이 인간의 생존에 지대한 영향을 끼쳤고, 그래서 사회적 관계나 사회적 경험이 쾌감과 행복에 영향을 끼친다는 말씀이네요.

그렇죠. 사회적으로 관계를 많이 맺으면 부산물처럼 쾌감 신호가 계속 커지기 때문에, 설문조사를 해 보면 행복한 사람들은 늘 사회적 관계가 많습니다. 행복 연구에서도 행복하기 위해선 사회적 관계가 많아야 한다고 하는데, 진화론적 관점에서도 정확하게 들어맞는 이야기인 거죠. 행복에 대해 주도적으로 연구했던 사람들이 서양의 심리학자들이고, 서양의 커다란 프레임워크(framework: 판단이나 결정 등을 위한 틀)는 아리스토텔레스에서 시작된 그리스 철학이에요. 서양의 행복 연구는 알게 모르게 그 프레임워크를 가지고 연구를 하고 있습니다. 그래서 행복은 삶의 궁극적 목표이자 가치라고 말합니다. 그런데 행복은 근원적으로 쾌감이고, 동물학적 관점에서 봤을 때는 생존에 유리한 기능을 하는 것입니다.

그런데 술이나 담배, 마약과 같이 생존에 별로 유리하지 않은 행위에서는 왜 쾌감을 느끼는 것일까요?

그런 것들도 중독이 되면 득실에서 실이 압도적으로 많아지지만, 중독되거나 과도하지 않은 상태에서는 이점이 있어요. 모든 것에는 득실이 있죠. 정도의 문제일 뿐입니다. 담배도 과도하지 않은 상태에선 집중력을 높이는 데 도움이 되고, 커피도 과도하지 않은 상태에선 에너지를 얻잖아요. 100퍼센트 '해'만 되는데 유지되는 인간의 행위는 없습니다.

인간을 동물의 관점에서 보는 진화론을 배격하는 심리학자도 사회적 관계가 좋아야 행복하다고 주장하는데, 진화론적 관점에서도 사회적 관계가 좋아야지 행복하다고 말하는 게 굉장히 흥미롭네요.

일반적인 행복 연구에서 사회적 관계가 중요하다고 이야기하지만, 왜 중요한지는 설명하지 못하고 있어요. 그런데 진화론에서는 왜 사회적 관계가 중요한지 강력하게 설명하고 있죠.

'행복이 생존의 도구'라는 건 선생님께서 세계 최초로 주장한 것인가요?

진화론은, 유구한 세월을 통해 인간의 생존에 필요하고 이점이 된 감정이 살아남은 것이라고 설명합니다. 심리학에선 10여 년 전까지만 해도, 이런 진화론적인 이야기가 심리학과 큰 관련이 있다고 생각하지 않았어요. 심리학은 정신에 대한 것이니까. 그런데 점점 패러다임이 바뀌었고, 미국에선 벌써 바뀌었어요. 행복을 연구하는 사람으로서 저 역시 이런 생각을 하기까지 10년이 걸렸어요. 점점 더 많은 연구들이 인간의 이성적인 판단이나 생각을 과대평가하고 있었음을 보여주고 있습니다.

　심리학은 그동안 합리적으로 사고하는 인간의 모습에 대해 연구했는데, 인간은 결국 사고하는 '동물'이라며 진화론이 판을 깨기 시작한 것이죠. 인간이 합리적이고 이성적으로 생각하고 행동하고 결정하는 것처럼 보이지만, 실은 엉뚱한 것들에 영향을 받아 결정하고 행동하는 경우가 많고 그것을 자각하지 못한다는 것이 문제예요. 이 엉뚱한 힘은 진화론적인 본능에 가까운 것으로, 기본적인 욕구를 충족하기 위해 자기도 모르게 우회합니다. 우회하는 이유는 장기적으로 더 많이 얻기 위한 동물적인 작전일 뿐입니다.

예를 들어, 인간은 왜 질투를 느낄까요? 특정 상황에서 질투를 느끼지 못했던 사람은 질투를 느끼는 사람보다 생존확률이 적었고, 적절한 수준의 질투를 느낀 사람이 결국에 유전자를 남기는 데 유리했기 때문이에요. 우리가 질투를 괜히 느끼는 게 아닙니다. 자신의 애인을 빼앗기는 상황에서 쿨했던 인간들은 결국 애인을 잃었고, 적절한 수준에서 질투를 느낀 인간들이 결국 유전자를 남기는 데 성공했지요. 인간의 감정은 그냥 있는 것이 하나도 없으며, 우리가 생각지 못한 기능을 합니다.

그럼 행복은 뭘까요? 본질적으로 '감정'이죠. '좋다', '즐겁다', '신난다' 등의 감정들을 크게 묶으면 긍정적인 감정인데, 긍정적인 감정의 기능에 대해서 진화론적 관점에서 연구하던 사람들이 옛날부터 하던 이야기들이 제가 하는 이야기와 맥락이 같습니다. 제가 책을 쓰게 된 동기는, 한국에서 얼마 전부터 '행복'이 뜨고 있는데 행복은 마음먹기 나름이고 감사하면 되는 것이고 그래서 당신이 행복하지 않은 것은 당신의 잘못이라

"우리가 질투를 괜히 느끼는 게 아닙니다. 자신의 애인을 빼앗기는 상황에서 쿨했던 인간들은 결국 애인을 잃었고, 적절한 수준에서 질투를 느낀 인간들이 결국 유전자를 남기는 데 성공했지요."

거나 당신이 소양이 안 되었기 때문이라는 등 전혀 과학적이지 않은 이야기를 많이 하고 있기 때문이에요. 행복의 개인차는 유전입니다. 내가 유전적으로 쾌활한 성격이 아닌데 감사하라고 하면 안 되는 거예요.

모든 감정에는 생존에 필요한 기능이 있고, 그렇게 생존에 필요한 기능이 있는 감정들만이 유전을 통해 살아남았다는 설명이 굉장히 놀라웠다. 인간들 사이에 불필요한 감정 소모와 갈등을 야기하는 '질투'라는 일견 부정적으로 보이는 감정조차도 진화론적 설명 틀을 통해서 보니 그 기능성에 절로 고개가 끄덕여졌다. 하지만 행복의 개인차가 유전이라는 말을 들으니, 기존의 상식이 뒤엎어지는 기분이었다.

행복이 유전적 개인차라는 말씀은, 같은 상황에서 어떤 사람은 좀 더 긍정적인 감정을 느끼고, 어떤 사람은 좀 덜 긍정적인 감정을 느낀다는 건가요?

그렇습니다. 선천적으로 그런 차이가 있습니다.

행복을 느끼는 데 유전적 특징이 결부되어 있다면, 한 개인이 행복해지기 위해 노력하는 일은 무용한 것 아닐까요?

유전적이라는 건, 편의상 행복을 100미터 달리기라고 하면, 그 사람이 더 노력하면 조금 더 빨라질 폭은 있다는 것이죠. 저 같은 사람은 아무리 노력해도 100미터를 16초에 달릴까 말까 하지만, 유명한 선수들은 훈련도 안 하고 자다가 라면 먹고 달려도 12초에 뛰잖아요. 그런 선천적인 개인차가 있고, 그건 당연히 유전 때문입니다. 행복에서도 그런 차이가 있어요. 하지만 내가 노력해서 그 폭을 조금 좁히려는 노력은 할 수 있어요. 내가 열심히 체력훈련을 해서 달리기 기록을 2초 정도는 당길 수 있는 것이죠. 하지만 내가 무조건 노력하면 올림픽에 나갈 수 있다는 건 말도 안 돼요. 정서적인 경험도 마찬가지예요. 지금의 자기 계발서들은 당신이 어떤 사람인지와 상관없이 감사하면 무조건 행복해질 수 있다고 말하는데, 그것은 제가 열심히 골프 연습을 하면 타이거 우즈가 될 수 있다는 것만큼이나 과장이에요.

그럼 조금이라도 더 행복해지기 위해 어떤 노력을 하면 되나요?

아마추어 골퍼가 아무리 노력해도 타이거 우즈가 되긴 어렵지만 타이거 우즈건 아마추어 골퍼건, 이렇게 하면 한 타를 더 줄일 수 있는 방법은 있잖아요. 그런 것처럼 행복하려면 사람을 많이 만나야 합니다. 선천적으로 행복도가 높은 사람들은 선천적으로 사람 만나는 것을 좋아하게 태어난 사람들입니다. 그래서 행복에 있어서는 외향성이 열쇠이며, 행복의 개인차를 예측할 때의 열쇠도 외향성입니다.

행복과 외향성이 엄청난 상관관계가 있네요?

절대적이죠. 더 행복하고 덜 행복한 정도를 예측하는 변인들은 5천여 개가 됩니다. 수많은 변인들 중 가장 독보적으로 잘 예측하는 첫 번째 변인이 외향성입니다. 외향적이라고 반드시 행복한 건 아니지만, 그 어떤 다른 개인차보다 외향성 점수가 높은 사람이 행복할 확률이 높습니다. '나는 내향적인데도 행복할 때가 있다'는 반박이 있을 수 있는데, 내향적인 사람이 행복하지 않다는 것이 아니에요. 내향적인 사람이 매우 행복할 때가, 외향적인 사람이 안 행복할 때와 행복의 정도가 비슷합니다. 또 내향적인 사람도, 자신은 그렇게 생각하지 않을지 몰라도 혼자 있을 때보다 사람과 함께 있을 때 더 행복해진다는 것입니다. 실험적으로 많은 논문들이 증명하고 있는 바죠.

외향성 외에 행복한 사람들의 특징이나 조건은 무엇인가요?

외향성과 같은 개인적인 변인도 중요하지만 그 사람의 총체적인 행복을 좌우하는 것은, 그가 살고 있는 사회나 문화적인 특성입니다. 행복해지기 위해선 우선 스스로 자유롭다고 느끼는 감정인 '자유감'이 있어야 해요. 결혼하고 싶으면 하고 안 하고 싶으면 안 하고 직장은 꼭 삼성에 취직하지 않아도 되는, 그런 자유감이 필요합니다. 그래서 개인의 행위와 일상의 습성을 지지하는 문화적 가치가 풍부한 사회에서는 행복해지기가 유리하죠. 덴마크나 스칸디나비아 지역의 문화가 그렇습니다. 그런데 사사건건 인생은 이렇게 살아야 하고, 여기서 벗어나면 '루저'거나 '아웃'이고, 하나의 잣대를 가지고 모든 인간들을 구겨 넣으려는 문화에서는 사회적으로 요구되는 것들에 의해 상당히 희생을 당하면서 행복감을 추구해야 되니까 결국 이윤이 안남는 장사죠. 득만큼 실도 커요. 집단주의적이고 수직적이고 획일적인 문화에서 그래요. 한국, 일본, 싱가포르가 경제적으로 잘 살지만 행복하지 못한 이유죠. 이런 사회에서는 내가 하고 싶은 것과 사회에서 요구하는 것 사이에서 양자택일해야 하는 비극이 발생합니다. 행복한 사회에서는 내가 하고 싶은 것을 사회에서도 하라고 해요.

집단적이고 수직적이고 획일적인 문화의 특성 중 또 하나는 행복이 다른 사람의 잣대에 따라 평가된다는 것이에요. 남들이 뭐라고 하든지 내가 행복하면 행복인데, 우리는 다른 사람이 칭찬해주거나 칭송해주는 등의 인정이 있어야만 비로소 행복하다고 말할 수 있는 사회잖아요. 이것은 이미 행복이 '마이너스 30'부터 시작하는 거예요.

"물질은 비타민과 같은 것입니다. 결핍이 있으면 안 됩니다. 먹고 잘 곳도 없는데 행복하다는 것은 말도 안 되니까요. 비타민이 어느 정도 결핍을 벗어나면 더 먹는다고 이득이 없듯이, 물질과 행복의 상관관계도 정비례하다가 어느 선에 가면 멈춰요."

그렇다면 경제적 수준이나 물질 등은 행복과 상관관계가 없나요?

없는 것은 아니에요. 물질은 비타민과 같은 것입니다. 결핍이 있으면 안 됩니다. 먹고 잘 곳도 없는데 행복하다는 것은 말도 안 되니까요. 비타민이 어느 정도 결핍을 벗어나면 더 먹는다고 이득이 없듯이, 물질과 행복의 상관관계도 정비례하다가 어느 선에 가면 멈춰요. 우리나라 같은 정도는 비타민 과잉 시대죠. 찢어지도록 가난할 때는 고깃국 한번 먹으면 행복도가 크게 올라가지만, 지금은 물질이라는 투자 대비 행복이라는 아웃풋이 크게 나오지 않는 시대입니다. 이제는 돈이 아닌 다른 것들이 들어가야지 행복의 차이가 나타납니다. 항상 빼놓을 수 없는 것이 사회적 관계죠. 친구가 없고, 세상에서 혼자 살아가는 느낌을 가지면서 행복할 수는 없습니다.

선생님께선 〈한국인, 누가 언제 행복한가?〉라는 논문을 발표하셨는데, 그 논문의 결론도 같은 맥락인가요?

네, 외향적인 사람이 가장 행복하고 또 한국인은 밥 먹을 때와 이야기할 때 가장 행복하다고 느낍니다. 24시간 중에 가장 행복하지 않은 때는 일할 때, 출퇴근할 때입니다. 밥 먹을 때와 이야기할 때가 가장 행복하다는 건, 지금까지 이야기한 것과 같은 맥락이죠. 인간은 생존에 유리한 행동을 할 때 신호가 켜지도록 디자인돼 있기 때문입니다.

우리나라는 경제적으로 어느 정도의 성장을 이루었는데도 여전히 공부를 잘하고 성공해야 행복하다는 강박이 큽니다. 그 이유는 무엇일까요?
행복감을 개인의 매우 사적인 경험이라고 생각하지 않고, 타인에 대한 과시show-off를 통해 어떤 타당함을 얻어야 한다고 생각하기 때문입니다. 행복하기 위해서 내가 즐거운 것만 하면 안 되고 다른 사람이 부러워해줘야 하기 때문에 다른 사람 눈에 보이는 치장을 해야 되는 거죠. 좋은 차를 타야 하고 그럴듯한 명함이 있어야 하고 자녀가 명문대를 가야 하는 겁니다. 눈에 보이는 과시를 계속 해야 하는 거예요. 과시를 하기 위해서 돈이 필요합니다. 우리나라 사람들이 모든 것을 사진으로 찍어서 경쟁적으로 SNS에 올리는 것도 마찬가지 맥락입니다. 행복에 대한 판단이 행복한 국가 사람들이 하는 생각 양식과 전혀 달라요. 그렇기 때문에 국민총생산GNP이 10배가 뛰어도 행복하기 어렵죠. 내가 상대적으로 우위를 점하고 남들이 부러워해줘야 행복하고, 끊임없이 타인의 인정을 받지 못하면 불충분함을 느끼니까요.

행복과 진화, 행복과 유전 등 기존의 상식을 뛰어넘는 설명을 따라가다 보니 나의 의문도 전혀 생각지 못한 곳에 닿았다. 부정적인 감정에도 인간의 생존에 필수적인 기능이 있다면 반드시 긍정적인 감정만이 좋은 것은 아닐 수도 있겠다는 생각이 들었다. 나아가 우리가 꼭 행복해야 될까 하는 의문이 생겼다.

진화론과 유전적 관점에서 행복을 설명하셨는데, 그럼 우리는 꼭 행복해야 되나요? 행복하면 좋은 건가요?

같은 값이면 행복한 게 좋죠. 그러나 모든 사람이 언제나 행복한 것은, 큰 그림에서 보면 그다지 건강하지 않은 호모 사피엔스의 모습입니다. 슬플 때 슬퍼야 되고, 화가 날 때 화를 내야 합니다. 24시간 언제나 행복한 것이 이상적인 것도 아니고, 장기적으로 이점이 많은 삶도 아닙니다. 우리를 행복하게 만들기 위해 해가 뜨는 것이 아니듯이, 삶은 행복해지기 위해 디자인된 것이 아닙니다. 큰 자연의 법칙에 의해 돌아가는 것이죠. 물론 같은 값이면 좋게 생각하고 긍정적으로 생각하는 게 당연히 좋은데, 그것이 마음먹기만으로 될 수 있는 것은 아닙니다. 슬플 때 슬퍼하고 화가 날 때 화를 내는 것이 자연스러운 것입니다. 저는 우리 사회가 행복해져야 되겠다는 압박을 조금 덜 느꼈으면 합니다.

그렇다면 선생님의 행복의 정의는 무엇인가요?

행복이라는 게 없다고 생각합니다. 만들어낸 말이라고 생각하죠. 행복은 없고 긍정적인 감정만 있을 뿐이고, 거기에 옷을 입히는 것뿐입니다. 철학자들은 행복이 감정이 아니라 '가치 있는 삶'이라고 말하는데, 그게 행복에 대한 말도 안 되는 말이라고 생각해요. 가치 있는 삶과 행복한 삶은 같은 것이 아닙니다. 물론 가치 있는 삶과 행복한 삶이 같을 때도 있겠지만 실은 다를 때가 더 많아요. 어떤 이들은 지질한 행위를 하면서 행복하지만 그것이 가치 있지는 않아요. 타인의 시선을 크게 의식하는 사회에서는 가치 있는 게 행복이라고 하는데 가치가 나쁘다는 게 아니라, 가치와 행복은 분명히 다르다는 겁니다. 남들의 시선이나 가치 평가와 상관없이 내가 좋은 것을 하는 게 행복입니다. 우리의 문제는 가치와 행복을 둘 다 가지려고 한다는 거예요. 재미도 있으면서 남들에게도 좋게 평가받는 것. 그래서 둘 다 못 갖죠. 떡 하나를 놓아야지 다른 하나를 쥘 수 있잖아요. 어설프게 두 개의 떡을 다 쥐려고 하는 것이, 이것도 저것도 아닌 한국인의 상태가 아닌가 합니다.

그럼 선생님은 가치와 행복 중에 무엇을 추구하시나요?

둘 다 추구합니다. 하하. 그런데 보통 사람보다는 개인적인 행복을 훨씬 더 많이 추구하죠.

선생님께선 '세계 100대 행복학자'로 꼽히는데, 행복하신가요?

행복은 유전이기 때문에, 저는 평균보다 조금 더 행복한 것 같습니다. 늘 하는 이야기지만, 제 여동생은 행복에 대해 전혀 모르지만 저보다 더 행복합니다. 행복은 선천적인 것이니까요. 여동생은 굉장히 외향적이고 낙관적이에요. 그런데 더 행복한 것이 더 좋은 것은 아니에요. 여동생이 저보다 더 행복하지만, 여전히 저는 여동생보다 저로 태어나고 싶어요. 장단점이 다 있기 때문이죠.

인터뷰 내내 허를 찔리는 기분이었다. 행복에 대한 오래된 통념과 상식이 계속 뒤집혔기 때문이다. 그러나 '진화론'이니 '생존'이니 '유전'이니 등의 어려운 용어들을 다 빼고, 선생님의 요지를 짧게 줄이면 다음과 같다. "행복의 핵심을 한 장의 사진에 담는다면, 그것은 좋아하는 사람과 함께 음식을 먹는 장면이다. 행복은 거창한 것이 아니다. 모든 껍데기를 벗겨내면 행복은 결국 이 한 장의 사진으로 요약된다. 행복과 불행은 이 장면이 가득한 인생 대 그렇지 않은 인생의 차이다. 나머지 것들은 주석일 뿐이다!"(서은국, 《행복의 기원》, 21세기북스, 2014) 이보다 더 명쾌한 행복에 대한 설명이 있을 수 있을까! 행복에 대한 고차방정식이 간단하게 풀린 기분이 들었다.

종교는 인간을 행복하게 하는가

정신과 의사들을 가르치는 의사

이
무
석

정신과 전문의

국내에 5명뿐인 국제 정신분석가 이무석 정신과 전문의(전 전남대학교 의과대학 교수)는 정신분석이란 단어가 생소하던 시대부터 정신분석을 해 왔고, 자존감이라는 단어가 거의 쓰이지 않던 시대에 《자존감》이라는 책을 펴냈다. 45년간 정신분석을 통한 인간 내면의 탐구에 천착했으며, 30여 년간 후학들에게 정신의학을 가르쳤다. 정신분석의 '정석'과도 같은 《정신분석에로의 초대》를 썼으며, 17만 부가 팔린 《30년만의 휴식》 등 여러 베스트셀러의 작가이기도 하다.

가히 정신분석의 독보적인 권위자이지만, 글과 강연은 이해하기 쉽고 친근하기 그지없다. 노학자는 자신의 상처나 열등감도 숨기지 않고, 자신이 정신분석을 받은 경험도 다 드러낸다. 영국 정신분석학회의 베이커 박사와 샌디에이고 정신분석학회의 타이슨 박사에게 350여 시간의 개인분석을 받은 정신분석가로서 피분석자(내담자)의 마음을 누구보다 잘 헤아리는 따뜻함을 갖고 있다. 또한 독실한 기독교인으로서 열등감, 죄책감, 소외감, 거절에 대한 두려움으로 괴로워하는 기독교인들을 위해 치유의 메시지를 담은 칼럼을 썼다.

정신과 전문의 이무석

전남대학교 의과대학을 졸업하고 영국의 런던대학교와 미국의 샌디에이고 정신분석연구소에서 연수했다. 의학 박사이자 국제정신분석학회가 인정한 국내 5명뿐인 국제 정신분석가이다. 전남대학교 의과대학 교수로 지내면서 한국정신분석학회 회장과 대한신경정신의학회 회장을 역임했다. 150편의 논문과 《30년만의 휴식》《이무석의 마음》《정신분석에로의 초대》《자존감》 등의 저서가 있다. 현재 '이무석정신분석연구소'에서 치료 및 교육 활동을 하고 있다.

"누군가 망상에 시달리면 정신이상이라고 한다. 다수가 망상에 시달리면 종교라고 한다."《이기적 유전자The Selfish Gene》《만들어진 신 The God Delusion》의 작가 리처드 도킨스Clinton Richard Dawkins의 말이다. 숱한 무신론자와 불가지론자들의 공격에도 불구하고 종교는 원시시대부터 번성해왔다. 인간은 호모 사피엔스이기 전에 호모 릴리기오수스Homo Religiosus였다. 우리에게 종교가 필요한 이유는 우리의 삶이 예측불허한 고통의 지뢰밭이기 때문이다. 레고를 만드는 아이는 '왜 내가 레고를 만들고 있지?'를 묻지 않는다. 그러나 많은 회사원들은 출근길마다 '회사를 꼭 다녀야만 하는 걸까'를 묻는다. 고통은 해석과 의미를 필요로 하기 때문이다. 그런 점에서 종교는 삶과 고통에 대한 많은 해석과 의미를 제공해준다. 그렇다면 과연 종교를 가진 사람들이 더 행복할까? 이른바 '처치 고어church goer'라고 불리는 기계적이고 실용적으로 종교를 갖는 사람도 종교가 없는 사람보다는 행복할까? 어떤 사람은 맹목적으로 신을 믿는데, 어떤 이들은 왜 본능적으로 신을 거부할까? 어떤 자세로 종교를 가져야 행복에 기여할까? 독실한 기독교인으로 많은 칼럼을 통해 종교적 삶을 설파한 이무석 선생님을 찾아간 이유다.

신앙 활동이 삶의 행복에 어떤 영향을 끼치나요? 즉, 종교의 유무와 행복에는 어떤 상관관계가 있을까요?

신앙을 가진 사람들은 행복합니다. 연구에 의하면 신앙이 있는 사람들은 신앙이 없는 사람들에 비해서 병에 잘 걸리지 않을 뿐만 아니라 병에 걸려도 치료가 더 잘 된다고 해요. 신앙을 가진 사람은 마음이 비교적 안정돼 있기 때문입니다. 종교가 있다는 건 마치 어린아이가 낯선 동네에 갈 때 든든한 아버지와 함께 가는 것과 같다고 보면 돼요. 깡패가 나타나도 아이는 두렵지 않죠. 인생은 낯선 동네와 같거든요. 그 동네에는 깡패들도 많아요. 실패와 좌절, 절망과 억울함 그리고 질병 등이 그들이죠. 또 신앙이 있으면 불행을 긍정적으로 받아들일 수가 있습니다. 신(하나님)이 선한 의도를 가지고 나를 도우려 한다는 걸 믿기에 불행 속에서도 절망하지 않고 기도할 수 있어요.

마지막으로 신앙을 가진 사람들은 죽음에 대한 관점이 다릅니다. 정신의학에서 인간의 가장 원초적인 불안을 '죽음에 대한 불안'이라고 합니다. 죽은 뒤에 어떻게 될지 모르기 때문이죠. 그러나 종교가 있는 이들에게 죽음은 새로운 삶의 시작일 뿐입니다. 한 여자아이가 아버지에게 물었어요. "아빠, 죽는다는 게 뭐야?" 아버지가 대답합니다. "너와 아빠가 기차를 타고 할아버지 댁에 갈 때 네가 잠이 들었지. 목적지에 도착했을 때 아빠가 너를 깨웠잖아. 우리는 기차에서 내려 할아버지에게 갔지. 죽음도 마찬가지란다. 어느 날 목적지에 도달했을 때 잠에서 깨듯이 우리가 하늘나라로 옮겨지는 것이란다." 의사들은 죽어가는 환자들을 많이 보잖아요. 어떤 환자들은 죽지 않으려고 발악을 하며 공포에 질린 채로 죽어갑니다. 그러나 신앙을 가진 환자들은 회진 나온 의사를 오히려 위로해요. 편하고 밝은 마음으로 주변을 정리하고 떠나죠. 신앙이 있건 없건 누구나 병에 걸리기도 하고 인생의 시련을 겪습니다. 그러나 든든한 보호자가 함께 있다는 게 무신앙인와 신앙인의 큰 차이입니다. 그래서 신앙인들은 역경 가운데서도 안정을 찾을 수 있죠.

평소 신앙이 없던 사람이 시련이나 고난을 겪으면서 신앙의 길로 접어드는 경우가 많습니다. 왜 그럴까요? 고통과 시련에 대한 해석을 갖기 위해서인가요? 아니면 누군가 나를 지켜준다는 느낌을 받기 위해서일까요?

고난을 겪으면 신앙의 길로 접어드는 경우가 많은 이유는 인간은 자신의 무력함에 직면할 때 신을 찾게 되고, 자기능력의 한계를 발견할 때 도움을 줄 대상을 찾게 되기 때문이에요. 겸손한 자만이 신을 만날 수 있거든요. 그래서 실패의 순간은 신을 만날 수 있는 기회이기도 하죠. 만사형통하여 자신감이 넘치는 사람은 신을 필요로 하지 않습니다.

자신이 생각하는 신의 형상은 부모에 대한 이미지와 연결돼 있다는 말이 있습니다. 예를 들어 하나님을 자비와 사랑의 신으로 생각하는 사람도 있고 처벌과 응징의 신으로 생각하는 사람도 있는데, 이는 자신이 가지고 있는 부모상과 연결돼 있다는 건데요.

그렇습니다. 심리학자 프로이트Sigmund Freud가 인간이 믿고 있는 신의 이미지는 유아기의 부모 이미지라고 말했듯이, 개인이 갖고 있는 신의 이미지는 부모의 이미지와 연결돼 있습니다. 단순 논리로 획일적인 결론을 내리는 것은 위험하지만 인간은 마음의 상을 투사하는 경향이 있기 때문에 자기 부모의 이미지를 하나님이라고 착각하는 경우가 많습니다.

내가 아는 한 여성 심리학자는 하나님과 대화를 많이 하고 친근한 관계를 갖고 사는 분이었는데, 그 관계의 특성이 유년기 자기 아버지와 가졌던 관계와 같았습니다. 좋은 아버지와 사랑받는 딸의 관계가 신과의 관계에서도 그대로 재현되었던 것이죠. 사랑해본 사람은 사랑을 금방 이해합니다. 용서를 받아본 사람은 용서를 쉽게 이해하고요. 그러나 사랑을 받아보지 못하고 용서를 받아보지 못한 사람은 사랑과 용서가 실감나지 않습니다. 예컨대, 태어날 때부터 시각장애인이어서 한 번도 색깔을 본 일이 없는 사람이 있다고 합시다. 이 사람이 물어요. "붉은색이 어떻게 생겼어요?" 선천적인 시각장애인에게 붉은색을 설명해주기도 어렵거니와 설명을 하더라도 시각장애인이 실감나게 이해하기도 어렵습니다.

이와 같이 유년기에 부모님의 사랑과 용서를 경험해보지 못한 사람들은 하나님의 용서와 사랑을 실감하지 못합니다. 자신

"고난을 겪으면 신앙의 길로 접

어드는 경우가 많은 이유는 인간

은 자신의 무력함에 직면할 때

신을 찾게 되고, 자기능력의 한

계를 발견할 때 도움을 줄 대상

을 찾게 되기 때문이에요. 그래

서 실패의 순간은 신을 만날 수

있는 기회이기도 하죠."

의 부모가 그랬던 것처럼 '하나님은 나를 싫어하실 거야'라고 생각하죠. 처벌적 부모를 가진 사람은 '징벌자 하나님'만 생각나고 두려워서 하나님에게 가까이 다가가지 못합니다. 하나님은 '사랑'인데도 말이죠.

그럼 부모를 불신하는 사람은 신도 불신하기 때문에 신앙을 갖기 어려울까요?

그렇습니다. 부모를 불신하는 사람은 하나님도 불신하는 경향이 있습니다. 선입견 때문이죠. 어떤 분들은 '하나님' 얘기만 나오면 화를 내거나 혐오감을 느낍니다. 이유도 모르게 따라오는 이런 부정적 반응은 무의식적으로 일어나는 것인데 하나님을 내면의 부모상이나 다른 상으로 착각하고 있기 때문입니다. 즉, 하나님을 '혐오스러운 부모'로 착각하고 있는 것이죠. 이런 분들은 신앙을 갖기 어렵게 만드는 심리적인 환경에 있다고 봐야 합니다.

생애 초기 부모와의 관계에서 사랑받은 경험이 없으면 자존감이 약해진다고 하잖아요. 그런데 '신은 나를 사랑한다'는 믿음엔 이런 낮은 자존감을 회복시키는 치유력이 있다고 보입니다. 그런 면에서 신앙 활동을 낮은 자존감을 회복하려는 심리적 시도로 보아도 될까요?

자존감이 낮은 사람은 열등감이 심하고 자신을 쓸모없고 하찮은 존재로 봅니다. 사람들이 자기를 싫어할 것 같고 무시하는 듯해 괴로운 사람들이죠. 그래서 이런 고통스러운 자기 인식으로부터 탈출하기 위해 모든 노력을 기울이게 되죠. 기독교에서는 예수를 영접하면 하나님의 자녀가 된다고 가르치고 인간을 하나님의 형상대로 만들어진 귀한 존재라고 가르치잖아요. 이런 가르침은 낮은 자존감을 가진 사람에게 매우 매력적이고 치유적인 가르침입니다. 하지만 종교를 통해 낮은 자존감을 보상받으려다가 반작용으로 과도한 자기도취에 빠지기도 합니다. 즉, 종교적 과대망상에 빠질 위험도 높습니다.

과도한 자기도취에 빠진다는 것은 신이 자신을 '특별히' 사랑한다는 생각이 과해져서 자신을 너무 대단한 존재로 본다는 뜻인가요?

자기도취란 비현실적으로 자신을 높이 평가하는 것입니다. '나는 최고이고 너희들은 나의 종이야' 하는 자만의 심리죠. 어떤 기독교인의 이야기가 좋은 예가 될 것 같네요. 비행기가 무사히 착륙했을 때 이 사람은 속으로 이렇게 말했어요. '이 비행기가 무사히 착륙한 건 오로지 내 덕인 줄 알아라. 나 때문에 하나님이 무사히 착륙하게 해주신 거야'라고. 비행기가 무사히 착륙한 데에는 무수한 요소들이 작용하잖아요. 이걸 인정하면서 하나님께 감사하는 사람이 건강한 신앙인입니다.

그렇다면 신앙심이 있는 사람이 신앙심이 없는 사람보다 자존감이 높을까요? 신앙심과 자존감 간에는 상관관계가 있을까요?

기독교인은 하나님이 자기를 사랑하신다고 믿기 때문에 행복한 사람들입니다. 하나님은 내가 일류대학을 나오지 못했어도 눈이 쌍꺼풀이 아니어도, 부자가 아니어도 '괜찮아, 그래도 나는 네가 좋아' 하신다고 믿습니다. 하나님의 사랑은 부모의 사랑과 같아서 조건과 관계없이 사랑하시지요. 오히려 하나님은 가난하고 출세 못한 자식이 더 안쓰럽죠. 부모님의 사랑을 받는 자식들은 자존감이 높습니다. 열등감에 시달리던 한 젊은 부인이 있었어요. 생일에 어머니에게 축하카드를 받았습니다. '내 인생의 보물 같은 우리 딸…' 이 대목을 읽고 30대의 부인은 엉엉 소리내어 울었다고 해요. 태어나서 처음 들어보는 말이었거든요. 엄마가 왜 진즉에 이런 말씀을 안 해주셨는지 이유를 알 수는 없지만 부인의 자존감은 회복되었고 치료도 종결되었습니다.

또 기독교인의 자존감이 높은 이유는 죄책감으로부터 해방되기 때문입니다. 죄책감을 가진 사람은 자존감을 가질 수 없습니다. 사람은 죄책감을 가지면 수치심을 느끼고 남 앞에 당당할 수가 없거든요. 얼굴을 마스크와 모자로 숨기고 골목으로만 숨어 다닙니다. 한번 지은 죄는 돌이킬 수 없습니다. 살인자가 무기징역을 살아도 죽은 자는 살아오지 못하잖아요. 죄책감이 평생을 따라다니죠. 예수님은 인류의 죄를 대신 짊어지고 십자가형을 받으셨습니다. 이 사실을 믿는 사람이 죄를 고백하고 회개하면 양털처럼 희게 씻어주십니다. 죄책감으로부터 해방의 길이 열린 것이죠. 그래서 신앙을 가지면 죄책감으로부터 해방될 수 있고 도덕적 자존감을 회복할 수 있습니다.

'종교를 갖는 게 삶을 사는 데 더 도움이 되지 않을까' 하는 실용적인 필요성에 의해 종교를 믿는 것도 삶에 중요한 영향을 끼칠까요?

실용적 필요성에 의해서 만들어진 신앙은 자기 암시 정도의 효과밖에는 의미가 없습니다. 현실적인 어려움에 부딪치면 믿음은 공중분해되어 버립니다.

그럼 종교 때문에 가정도 버리고 재산도 다 갖다 바치는 광신도들은 심리적으로 어떤 문제가 있는 걸까요?

광신도는 자신의 심리적 문제를 종교로 풀려는 사람들입니다. 예컨대, 죄책감이 심한 사람들은 처벌에 대한 불안이 심합니다. 불안에서 벗어나기 위해서 속죄 행위를 하죠. 자기 처벌적 행위, 즉 자학 행위를 합니다. 전 재산을 바친다든지, 자기 성기를 면도칼로 잘라버리기도 합니다. 이런 자학 행위를 통해서 스스로 벌을 받았다고 자위하는 것이죠. 그렇게 죗값을 치렀다고 믿으며 죄책감에서 탈출하려는 시도입니다.

사이비 종교에 빠지는 심리적 이유는 뭘까요?

사이비 종교의 교주를 이상적인 인물로 착각하기 때문입니다. 내면의 전능한 인간상omnipotent object을 교주에게 투사하면 교주가 신이 되죠. 이런 내적 대상은 유아기 때 부모상입니다. 유아기 때 아이들에게 아빠나 엄마는 전능한 신과 같은 존재입니다. 이런 심리 과정은 무의식에서 일어나기 때문에 비합리적이고 비현실적이죠. 무의식은 비합리의 세계이기 때문입니다. 그러나 당사자는 합리적이라고 주장해요. 남들은 이해 못하는 신앙의 문제라고 합니다. 설득이 안 되기 때문에 논쟁이 무의미해집니다.

사이비 종교에 빠지는 사람들은 내면의 전능한 인간상이 다른 사람들보다 강한 것일까요? 그렇다면 왜 내면에 전능한 인간상이 과도하게 발달하는 것인가요? 일상에서 무력감을 많이 느끼기 때문일까요?

그렇습니다. 내적 무력감을 절망적으로 느끼는 사람들이라고 볼 수 있습니다. 내면의 인간상이 강해서가 아닙니다. 오히려 내적인 공허감과 의존심이 너무 크기 때문이죠. 사이비 종교에 빠진 사람들을 만나보면 놀랍게도 박사처럼 지적인 사람들이 많습니다. 지적 발달 수준과 인격적 발달의 수준이 일치하지 않기 때문입니다. 지적인 풍부함이 내적 공허감을 채워주지 못한다는 것을 확인할 수 있죠.

> 종교를 갖는 태도는 부모상 외에도 자존감, 공허감, 의존심 등의 정서적 상태와도 관련이 깊다는 걸 알게 됐다. 그러면 대부분의 종교는 사랑과 자비, 베풂과 양보를 가르치는데 인격의 성숙과는 어떤 관련이 있는지 궁금했다.

종교가 정서 안정 외에 인격 성숙에도 영향을 끼칠까요?

고급 종교는 인격이 성숙하도록 돕습니다. 성숙한 인격이란 어른다운 인격을 말합니다. 어른이 아이 같은 미숙한 행동을 하면 병든 인격이 됩니다. 아이들은 이기적이잖아요. 그러나 어른이 되면 이웃을 사랑할 줄 알게 되죠. 굶주린 형제가 있다고 합시다. 빵 하나를 받았을 때 동생은 우선 제 입으로 가져가지만 형은 동생의 입에 넣어주죠. 예수님은 이웃을 사랑하는 것을 인간이 살아야 할 가장 중요한 이유라고 가르쳤어요. 그것이 어른스러운 삶입니다. 진정한 신앙심을 갖는다면 이웃을 사랑하는 성숙한 인격의 어른이 될 수 있습니다.

교회를 다닌다고 해서 다 교인은 아니잖아요. 그냥 교회만 왔다 갔다 하는 '처치 고어'도 많이 있고, 실제 삶은 성경이 말하는 삶의 태도와 반대인 사람도 많습니다. 진짜로 신을 믿는 사람과 형식적으로 믿는 사람은 삶에서 어떤 차이가 있을까요?

진짜로 믿는 사람은 살아 계신 하나님과 동행하는 사람입니다. 문득 문득 하나님을 의식하고 그분의 존재를 느끼는 사람입니다. 형식적으로 믿는 사람은 종교생활을 할 뿐이죠.

그렇다면 종교에 대한 태도와 행복의 상관관계는 어떠할까요? "내가 현생과 내세에 복을 받기 위해 믿는다"는 기복적 태도가 행복에 도움이 될까요?

살아 계신 하나님을 믿고 그분의 인도하심을 순종하며 따르는 것이 가장 안전하고 행복한 삶입니다. 복을 받을 목적으로 선을 행하는 것은 속 보이는 조건부 행위이죠. 예수님은 오른손이 하는 것을 왼손이 모르게 하라고 하셨어요. 어떻게 오른손이 하는 것을 왼손이 모를 수 있을까요? 자기가 선을 행하고 있다는 사실조차 의식하지 못하고 선행할 때 가능한 일입니다. 예수님의 칭찬을 들었던 제자들은 "우리가 언제 그런 선한 일을 했다는 말씀입니까? 기억도 나지 않습니다"라고 항변했지요.

그렇다면 기복적인 신앙 태도는 행복과 별로 상관이 없을까요?

기복신앙이란 복 받으려고 선을 행하는 신앙입니다. '1억을 헌금하면 10억을 주시겠지' 하는 식의 신앙이죠. 건강한 신앙 태도라 할 수 없습니다. 그러나 다른 경우도 생각할 수 있어요. 가난한 학생이 있다고 합시다. 고생만 하시고 웃을 일이 없는 어머니는 아들이 100점을 맞은 성적표를 드릴 때마다 눈물을 흘리며 밝게 미소 지으셨어요. 아들이 좋아하는 반찬도 만들어주셨죠. 아들은 어머니의 미소와 맛있는 반찬이라는 복을 위해서 필사적으로 100점을 맞을 수도 있어요. 아들은 큰 행복을 느낄 거예요. 사실 하나님은 자식에게 복 주기를 원하시는 부모와 같습니다. 생활 속에서 곤경에 처했거나 돈이 필요할 때 가장 능력 있고, 가장 친하고, 가장 사정을 잘 아는 분께 도움을 구하는 것을 모두 기복신앙으로 매도할 필요는 없습니다. 하나님도 우리에게 필요한 것을 구하라고 하셨으니까요. 개인적 이기심을 충족하기 위한 기복신앙이 문제일 뿐이죠.

생전에 신의 존재를 확인하기는 어렵고 죽어서야 확인할 수 있는 세계임에도 불구하고 신을 믿는 사람과 믿지 못하는 사람에겐 어떤 심리적, 정서적 차이가 있을까요?

하나님의 존재는 죽은 다음에 확인하는 것이 아닙니다. 신앙생활이란 그분과 동행하는 삶이죠. 하나님의 도우심을 느끼고 범사에 감사하는 마음으로 사는 삶입니다. 저는 전라북도 완주군 봉동면에서 태어나 시골 중학교를 나온 촌놈이에요. 우등상 한번 타본 일도 없는 평범한 아이였죠. 몸이 약해서 늘 어머니 손을 잡고 병원에 다녀야 했던 병약한 아이였어요. 덩치가 큰 아이들이 두려웠고, 도시 아이들에게 열등감도 느꼈어요. 그런데 74세인 지금, 제 인생을 돌이켜 보면 하나님의 축복받은 인생을 살았다는 생각이 듭니다. 저는 아직도 살아 있고 그렇게도 원했던 의사가 되었고, 정신과 의사이자 정신분석가도 되었어요. 저에게 정신분석을 받고 마음이 자유롭게 되는 분들을 보면서 큰 보람과 기쁨을 느낍니다. '이 일을 위해서 하나님이 나를 키우셨구나' 하는 생각을 하면 감격스럽습니다. 제 아들도 정신분석가가 되었고, 동료들은 저를 부러워해요. 제가 쓴 책 《30년만의 휴식》이 17만 부가 팔리면서 베스트셀러 작가도 되었어요. 제 자신의 능력을 잘 아는 사람으로서 이런 성취가 제 능력으로 된 것이 아니고 하나님이 은혜로 내게 주신 축복이라는 것을 인정할 수밖에 없습니다. 그래서 감사하며 삽니다. 그러나 하나님을 믿지 않는 사람들은 운이 좋았다고 말합니다. 그리고 불운을 당할까 봐 두려워하죠.

책에서도 느껴지는 선생님의 낮고 겸손한 자세가 인터뷰에서도 그대
로 느껴졌다. 형식적으로만 종교를 갖는 사람에게선 느낄 수 없는 영
적이고 경건한 태도였다.

선생님은 모태신앙이신가요? 아니라면 어떻게 교인이 되셨나요?

초등학교 때부터 교회에 다녔고, 의과대학에 입학한 후 '한국
대학생선교회CCC'라는 기독교 동아리에서 활동했습니다. 겨
울 수련회 때 〈4영리〉라는 전도 소책자를 통해서 예수를 나의
주, 나의 하나님으로 영접했습니다. 믿음이 좋은 아내가 신앙
성장에 큰 도움이 되었죠. 신앙은 단칼에 완성되는 것이 아니
고 한 그루 나무가 씨앗이 심어져 뿌리 내리고 자라서 큰 나무
가 되듯이 자라는 과정을 밟는다고 생각합니다.

**신앙을 가지고 나서 삶에서 달라진 점이 있나요? 만약 신앙이 없었더라
면 삶이 어떻게 달랐을 거라고 생각하시나요?**

신앙이 없었더라면 내적 평안이 없었을 것 같아요. 허무하고
우울하고 불안했을 것 같습니다. 어떤 상황에 처해도 하나님이
나를 지켜주시고 인도해주실 것이라는 든든함이 있습니다. 제
가 무능하고 부족해도 저를 사랑하시고 '의의 길'로 인도하시
는 분을 저는 모시고 있죠. 의과대학에 다닐 때, 결핵에 간염까

지 겹치는 시련을 겪었어요. 결핵을 치료하기 위해 결핵 약을 먹으면 간이 나빠져서 구토증이 왔고, 간을 지키려 결핵 약을 끊으면 각혈을 했습니다. 당시 가난한 고학생이었던 저는 진퇴양난의 절망적 상황이었죠. 내과 교수님은 "살 궁리나 하게"라고 충고하셨지요. 이런 상황에서 저는 하나님께 기도했습니다. "제 병을 고쳐주십시오. 저는 의사가 되고 싶습니다." 그 후 병이 나았고 의사도 되었어요. 돌이켜 보면 그 당시 저는 기도할 수 있었기에 절망하지 않을 수 있었습니다. 또 그 일 덕분에 누구보다 환자들의 심리를 더 절실하게 이해할 수 있는 의사가 되었죠. 환자의 심리를 경험해봤기 때문입니다. 불행도 제 인격을 키우는 교육 도구가 되었습니다. 이후 저는 불행한 일을 당할 때 '이 일은 하나님께서 내게 무언가를 가르치시고자 하시는 계획이 있는 것이다. 그것이 무엇일까?'라고 반문합니다. 하나님은 좋은 아버지처럼 항상 선한 의도를 갖고 나를 도우신다고 믿거든요. 신앙을 가진 사람이 행복한 이유 중 하나는 하나님이 기도를 들어 주신다는 것입니다. 내가 죽을 때 주께서 "그동안 수고했다. 이제 나하고 같이 천국으로 자리를 옮기자" 하실 것을 생각하기에 죽음이 두렵지 않죠.

"신앙이 없었더라면 내적 평안
이 없었을 것 같아요. 허무하고
우울하고 불안했을 것 같습니
다. 어떤 상황에 처해도 하나님
이 나를 지켜주시고 인도해주실
것이라는 든든함이 있습니다."

그럼 신앙이 있으면 완벽하게 행복하고 평안한가요?

오해가 없기를 바라는 것은, 지금 제가 완벽한 평안을 누리고 있는 건 아닙니다. 때때로 엄습해오는 현실적 좌절과 분노, 우울과 불안은 순간순간 저를 공격합니다. 하지만 신앙심 덕분에 기도하고 감사하며 하루하루를 살아갈 수 있습니다.

신을 정말로 믿고 싶은데, 믿어지지 않는 사람을 위해 한마디 해주신다면요?

'정말로'라는 단어에 방점을 찍고 싶습니다. '네가 나를 찾고 찾으면 만나리라'라는 약속의 말씀이 있습니다. 믿음은 마음을 조작해서 갖게 되는 것이 아닙니다. 진지한 노력이 필요합니다. 설교도 듣고, 성경도 읽고, 믿음이 있는 사람들과 교제도 나누다 보면 그분을 만나게 됩니다.

> 인터뷰를 통해 부모, 자존감, 종교의 삼각관계에 대한 의문이 풀렸다. 부모를 불신하는 사람은 신을 믿기 어렵고 유아기 때의 전능한 부모상이 해소되지 않은 사람은 광신도가 되기 쉽다. 종교는 낮은 자존감을 치유하기도 하지만 자존감 치유를 목표로 종교를 믿었다간 자기도취에 빠질 수도 있다. 종교를 갖는 태도는 인격의 성숙도를 보여주는 바로미터였다.

박미라
×
김용태
×
조선미

2

가족과의
관계가
힘든가요

부모는 사과하지 않는다

치유하는 글쓰기 안내자

박미라

마음 칼럼니스트

　박미라 칼럼니스트는 여성학을 공부하고 여성신문사 기자를 거쳐 한국 최초의 페미니스트 잡지 〈이프〉의 첫 편집장을 역임하면서 숱한 여성들을 만났다. 그 과정에서 늘 상대의 이야기와 고민을 들어주고 있는, 즉 '상담가' 역을 하고 있는 자신을 발견했고 그것이 마음 공부로 연결되었다. 마음 공부를 한 뒤에도 상담 칼럼을 쓰고 책을 펴내는 등 글쓰기를 멈춘 적은 없다. 사람들이 들려주는 지난한 삶의 이야기를 좋아해 크고 작은 모임을 만들어 그들의 이야기를 듣는다는 그는 "삶의 가장 고단한 시기를 지나는 사람과 함께하는 일은 의외로 행복하다"고 말한다. 그 시기를 치열하게 겪고 나면 그들이 더욱 강하고 지혜로워진다는 사실을 알기 때문이다.
그리고 그들에게 낮은 목소리로 "괜찮다"고 말하는 것을 멈추지 않
는다. 정말 괜찮고, 천만 번 괜찮고, 완벽하지 않아도 괜찮다고.

마음 칼럼니스트 박미라

대학교에서 가족학을, 대학원에서 여성학을 전공했다. 이후 몸과 마음의 통합적 치료를 공부해 심신
통합치유학으로 박사학위를 받았다. 신문 〈한겨레〉와 잡지에 심리상담 칼럼을 꾸준히 연재하고 있
으며, '치유하는 글쓰기 연구소'를 운영하며 치유적 글쓰기 연구와 지도자 양성을 하고 있다. 저서로
는 《천만번 괜찮아》《치유하는 글쓰기》《완벽하지 않아도 괜찮아》《나는 왜 나를 사랑하지 못하는 걸
까》《심리학자는 왜 치크라를 공부할까》 등이 있다.

"저한테 왜 그랬어요?"

영화 〈달콤한 인생〉에서 주인공 이병헌이 목숨을 걸고 물었던 질문이다. 그 질문을 하기 위해 수십 명과 육박전과 총격전을 벌이고, 결국 그 대답 하나 듣고 숨을 거둔다. 이 질문은 어린 시절 부모로부터 많은 상처를 받은 성인들이 부모에게 묻고 싶은 말이기도 하다. 세상에 완벽한 사람이 없듯, 완벽한 부모는 없다. 차별하는 부모, 폭력적인 부모, 냉혹한 부모, 방치하는 부모, 비난하는 부모…. 부모가 되고 나면 부모의 마음을 알게 된다고 하지만 어떤 이들은 부모가 되고 난 뒤 자신의 부모를 더욱 이해하기 어려워진다. "도대체 어린 나에게 왜 그랬던 걸까?"

어린 시절 상처를 준 부모와의 화해는 어떻게 가능할까? 지금도 여전히 상처를 주는 부모와의 관계는 어떻게 해야 할까? 부모가 준 상처에만 고착되어 앞으로 한 발짝도 나아가지 못하는 심리는 무엇일까? 지면과 책을 통해 수백 수천 건의 상담을 진행해온 박미라 선생님을 찾아갔다.

성인이 된 이후, 어린 시절 부모에게 받은 상처에 대해 부모에게 따지거나 사과를 받으려는 사람들이 있는데요. 이 같은 행동은 어떤 의미가 있는지, 이것이 과연 상처 치유에 도움이 되는지 궁금합니다.

어린 자녀에게 부모는 절대자이기 때문에 부모가 자신에게 잘못하고 있다거나 상처를 준다는 사실을 알면서도 아이는 거기에 맞설 수 없지요. 아직 어려서 부모를 극복할 내면의 힘이 부족한 것인데요, 성인이 되어서도 의존적인 어린 자아가 내면에 여전히 살아 있다면 '부모가 틀렸고 내가 맞다'는 확신을 가질 수 없고, 부모에게 문제를 제기하기 어려워해요. 그랬던 자식이 부모에게 제대로 항의해보고 싶다는 생각을 하게 된다면 그건 부모의 힘을 극복해보고 싶다는 내적, 무의식적 욕망에 따른 것이죠. 부모에게 저항할 힘이 생겼다는 건 그들로부터 심리적으로 독립할 힘이 생겼다는 걸 말해요. 부모 말씀을 거역하지 못하고 살아온 사람이라면 말이죠. 그런 점에서 부모에게 따지거나 사과받으려는 행위는 의미가 있어요. 물론 현실적으로는 그 욕망을 실현시키기 어려울 때가 많죠. 실제로는 자녀의 항의에 부모가 반발하고 화를 내서 관계가 되레 악화되기 때문이에요. 그러면 자녀는 '나는 여전히 사랑받지 못하는 존재'라는 걸 다시 확인하고 더 깊게 상처받을 위험이 있죠.

그럼 부모에게 따지거나 사과를 받고 싶어 하는 사람들에게 이를 권하진 않으시나요?

제 경우엔 굉장히 조심스럽게 권하는 편이에요. 사실 우리가 누군가에게 간절히 따지고 싶다는 건, 아직 내적인 확신이 없다는 걸 의미하거든요. '내가 옳다'라는 확신이 있고 자신이 느끼는 고통의 감정을 의심하지 않으면 상대에게 따질 필요가 없어요. 상대가 더 이상 내게 가해하지 못하도록 단호하게 방어

하면 되거든요. 그 확신이 없어서 상대의 사과가 필요한 것일
지도 모릅니다. 저는 부모에게 따지고 싶어 하는 사람들에게
사과를 받음으로써 자신의 고통이 정당하다는 확신을 갖고 싶
어 하는 건 아닌지 물어봐요. "당신이 느끼는 고통과 미움의 감
정을 인정하는 데 상대의 동의가 필요한가요?"라고 말이죠.

그래도 항의하고 싶다고 하면, 그 목적을 환기시켜줘요. 항의의
목적이 부모와의 화해인지, 아니면 분노의 표현인지 묻는 거죠.
전자가 목적이라면 대화를 시작하는 데 조심해야 할 점이 있어
요. "대체 왜 그랬어요?"라고 따지면 상대는 아파하고 방어적
이 되기 때문에 화해의 목적을 달성하기 어려워요. 불편한 이
야기를 꺼낼 때는 상대를 좀 안심시키는 게 필요해요. '엄마의
진심을 이해하고 잘 지내고 싶어서 이런 얘기를 하는 것'이라
고 전제해야 합니다. 엄마의 사랑을 받고 싶고, 엄마와 잘 지내
고 싶어서 과거에 대해 말하려고 한다는 걸 정확히 한 뒤 대화
를 시작하라는 거죠.

**부모들이 자녀의 상처 호소에 대해 인정이나 사과를 거부하는 이유는
무엇인가요?**

미안한 말씀이지만 한국의 나이 든 어머님, 아버님 들은 대부
분 자기성찰적이지 못해요. 자기 행위를 돌아보지 못하기 때문

"사실 우리가 누군가에게 간절
히 따지고 싶다는 건, 아직 내적
인 확신이 없다는 걸 의미하거든
요. '내가 옳다'라는 확신이 있고
자신이 느끼는 고통의 감정을 의
심하지 않으면 상대에게 따질 필
요가 없어요."

에, "죽도록 길러줬더니 이제 와서 뭐하는 소리냐"며 억울해할 가능성이 굉장히 크죠. 우리나라는 그간 먹고사는 데 급급해서 우리의 생각을 온통 외부의 자원을 얻는 데 쏟았던, 굉장히 외향화된 사회였어요. 우리 부모 세대에는 인간관계의 문제가 자신으로부터 비롯됐다든지, 알고 보면 내가 가해자일 수도 있다는 생각을 깨달은 사람들이 많지 않은 것 같아요. 얼마나 성찰적이고 자신을 내성할 수 있느냐의 정도가 의식 성장의 척도인데, 우리 과거 세대는 그렇지 못했어요. 그렇게 외향화되어 있으면 행복할 리 없죠. 세상이 나를 이유 없이 괴롭힌다고 생각할 것이기 때문이죠.

어찌 보면 그들은 양적 성장의 희생자예요. 의식이 성장하지 못했다는 건 그들의 내면이 어린 자아 상태에 머물러 있다는 걸 말합니다. 그런 어린 자아의 상태로 두려움과 공포, 그리고 분노 속에서 겨우겨우 자식을 길러냈기 때문에 자기로부터 비롯된 자식의 상처를 품어줄 여유가 없죠. 그들은 또한 자식세대에 주눅 들어 있어요. 자식들은 젊고 고학력이며, 도덕적이에요. 따라서 자식이 부모에게 하는 문제 제기는 논리적이고 원칙적으로 너무 옳아서 당황스럽고 아픈 거죠. 원칙과 논리, 이성 등은 그 특성상 메마르고 공격적으로 느껴질 수 있어요. 거기다 부모들은 반박할 능력을 훈련받지 못했기 때문에 수치심마저 느낄 수 있어요. 자식이기 때문에 더 상처를 건드리죠. 가장 가깝기 때문에, 심장조차 공유한다고 생각하기 때문에 더 화들짝 놀라요. 아무리 자신이 자식에게 무관심했어도 그렇습니다.

그래도 부모에게 항의해야겠다고 하면 그렇게 하라고 합니다. "싸우고 싶으면 싸워라. 부모도 자신이 한 행동을 알아야 하니까. 그 과정에서 부모도 성장할 기회를 가져야 하니까"라고 말해줍니다. 하지만 화해가 목적이라면 권하지 않습니다. 관계가 개선될 가능성이 전혀 없는데 성인이 되어서도 여전히 부모의 사랑을 갈구하는 사람들이 많아요. 그런 사람들은 방법론을 좀 달리해야 한다고 봐요.

이렇게 사과를 거부하는 부모에게 자녀는 어떤 감정을 느끼게 되나요?

부모에게 사과를 받아내려 씨름하는 자녀는 심리적으로 두 가지 부정적인 느낌을 갖습니다. '역시 나는 사랑받지 못하는 존재야'라는 부정적인 자화상과 '이제는 나이 들어 힘없고 초라해진 부모에게 이렇게까지 사과를 받아내려 하다니, 나는 나쁜 사람인가 보다'라는 죄책감이에요. 주의해야 할 것은 사과받겠다는 생각이 강할수록 자신의 다른 삶이 자꾸 무너질 수 있다는 점이에요. 부모의 잘못된 태도를 교정하는 데 실패하면 분하고 약 올라서 자꾸 그 일에 집착하게 되고 분노가 쌓이게 돼요. 그러면 자신의 일상생활, 자신의 일, 꿈 같은 것들을 자꾸 외면하고 미루게 됩니다.

어떤 성인 자녀는 "부모가 사과를 했음에도 용서가 되지 않고 마음의 상처가 여전하다"고 말하거든요. 사과를 받아도 상처가 치유되지 않는 이유는 무엇인가요?

여러 가지 이유가 있겠지요. 사랑받는 아이로 살지 못한 분노, 여전히 남아 있는 트라우마 후유증, 아직도 나아지지 않는 부모와의 감정적 부딪힘 등. 그런데 가장 주요하게는 자기 자신을 용서하지 못하는 것이 문제일 거예요. 부모의 비난과 비판적인 태도가 완전히 내면화되어서 스스로 비난하고 미워하는 경우가 많거든요. 부모가 돌아가셨는데도 당해왔던 부모의 요구나 비난을 스스로에게 하는 것이죠.

분석심리학(융 심리학)의 관점에서 보면 우리 내면에는 선천적으로 냉혹한 부모상이 있는데 그걸 현실의 부모에게 투사해서 고통받는 것일 수 있어요. 즉, 냉혹한 심리적 부모상이 활성화되면 현실의 부모 앞에서 늘 주눅 들면서도 다른 한편으로는 억울하고 분한 감정이 올라와요. 그러니 부모의 사과에도 마음이 풀리지 않는다면 내가 나를 비난하고 야단치는 건 아닌지, 우리 내면의 목소리를 점검해봐야 해요. 또 부모를 용서할 수 없는 데에는 그토록 오래 미워했던 자신의 감정이 무화無化되는 것에 대한 두려움과 분노도 있을 거예요. 부모에 대한 오래된 나의 미움이 착각이거나 오해였을지도 모른다는 데 대한 두려움 말입니다. 그렇게 오랫동안 미워했고, 부모가 잘못했고 나쁜 사람이라는 것이 신념처럼 굳어졌는데, 알고 보니 부모에게 그렇게 나쁜 의도가 있었던 게 아니었다면 또는 너무나 진지한 사과로 이 상황을 빨리 종결시키려 한다면 당황스러울 수밖에 없죠. 그때부터 고통의 해결이 부모 책임이 아니라 나의 책임이 되잖아요. 나의 상처를 내가 책임져야 하는데, 그게 너무 화가 나는 거죠.

사실 우리는 그것이 우리 안에서 일어나는 것일지라도 내 책임으로 가져오길 싫어해요. 그래서 "사과하면 다야?" 하는 반응이 나오는 거예요. 습관이 된 분노 감정을 청산하고, 이제는 내가 나를 돌봐야 하는데 그 사실을 받아들이기 싫은 게 아닌가 생각해 봐야 해요. 이 부분에서 어린 시절의 경험이 한 사람의 성격을 결정한다고 주장했던 심리학이, 인간으로 하여금 자기 책임을 외면하도록 부추긴 점이 있다는 사실을 반성적으로 고백해야겠네요.

부모에게 인정욕구가 충족되지 못한 사람은 친구, 배우자, 동료에게 끊임없이 인정욕구를 채우려 한다든지 부모에게 받지 못한 결핍을 주변에

서 채우려 하는 경우가 많은 거 같아요.

그런 경우도 있겠지만, 부모 때문에 인정욕구가 결핍되었다는 생각이 사실은 인지적 착각일 수도 있어요. 주변 사람에게 인정받으려고 애쓰는 게 정말 부모에게 사랑받지 못해서일까요? 저는 부모관계가 원만한 사람들 중에서도 타인의 인정을 받기 위해 애쓰는 사람들을 많이 보거든요. 자기존재감을 확인하는 데 있어서 타인과의 관계가 결정적인 요소이긴 하지만 성격적으로 타인의 인정이 더 절실한 사람들이 확실히 있는 것 같아요. 내가 존재한다는 느낌, 또 내가 괜찮은 사람이라는 느낌을 다른 사람의 긍정적인 반응을 통해서만 확인할 수 있는 사람들이죠. 일종의 인정욕구예요.

　인정욕구가 강한 사람들은 인간관계에 절실하게 매달리고 또 타인에게 비치는 내 이미지에 울고 웃어요. 그런데 그게 어느 정도는 기질적으로 타고나는 것 같아요. 솔직히 말하자면 기질적인 것은 바꾸기 어려워요. 바꾸기 어려운 것을 바꾸려고 씨름하기보다는 오히려 자신의 성격적 특성을 인정하고 긍정적인 인간관계를 유지하기 위한 효과적인 방식을 찾아나가는 게 좋습니다. 그런데 대부분은 인정욕구가 강한 자신을 한심하다고 느끼면서 자신을 비하하고 수치심을 느껴요. 그래서 그것을 부모 탓으로 돌리죠. 도대체 인정욕구가 뭐가 잘못됐나요? 인정욕구는 인간관계나 공동체에서 굉장히 순기능적인 역할을 합니다.

부모와의 관계가 한 개인의 인생에서 차지하는 비중은 어느 정도라고 보시나요?

아이의 기질에 따라 다른 것 같아요. 부모와의 친밀한 관계가 유난히 절실한 아이들이 있어요. 예를 들면 부모의 지지나 소통이 많이 필요한 아이들은 공부도 부모와 해야 성적이 올라요. 그런 아이들의 욕구는 어느 정도 들어줘야 하고, 반대로 빨리 독립하려고 하는 아이들은 또 그걸 지지해줘야 해요. 부모의 영향력이 다 똑같진 않다고 봐요.

절대적으로 관계를 끊어야 하는 '독성부모'라는 표현도 있는데요. 어떤 성향의 부모가 특히 자녀에게 해악이 된다고 생각하시나요?

자식을 너무 방치하거나 너무 집착하거나, 둘 다 학대라고 생각합니다. 부모의 정상적인 보호 아래에서 고유하게 성장시킬 수 있는 아이의 힘을 스스로 경험할 수 없게 한다는 점에서 그렇죠. 아이가 자기 안에서 커가는 힘을 스스로 느껴야 하거든요. 가장 심각한 독성부모는 자신을 성찰하지 않는 부모죠. 부모 노릇이 처음엔 미숙할 수 있어요. 그러나 자신을 성찰하려 하지 않고 심리적 치유를 외면해서 성숙해지지 않는다면, 그래서 나이 들어서도 실수를 반복한다면, 그건 정말 문제입니다. 자식에게 반복해서 상처를 주고 괴롭힐 것이기 때문이죠. 자식이 어른이 되어서도 미숙한 부모와는 화해가 어려워요. 그렇게 되면 안타깝게도 자식은 자신의 인생에서 부모를 완전히 잃게 됩니다.

여전히 성인이 된 나에게 상처를 주는(무시, 차별, 통제 등) 부모와의 관계는 어떻게 해야 하나요? 단호하게 끊어야 할까요?

끊을 수 있다면 끊어야 합니다. 자식을 착취의 대상이나 분노의 배설구로 생각하는 부모가 있는 것 같아요. 그런 부모와는 물리적으로 멀어지면 확실히 해독이 돼요. 그런데 끊는 것도 힘이 있어야 할 수 있어요. 심리적인 작업과 함께하지 않으면 끊기 어려울 거예요. 자신을 있는 그대로 수용하고 자신의 내적인 힘을 발견하지 못한다면 결코 홀로 설 수 없기 때문입니다.

부모와 관계를 끊고자 할 때, 자신이 '못된 자녀'인 것 같은 죄책감은 어떻게 극복할 수 있을까요?

자신에게 못된 측면이 있다는 걸 인정하면 됩니다. 왜 못되면 안 되나요? 만약 내 앞의 어떤 사람이 나를 불안하게 만드는 어떤 행동을 반복한다고 칩시다. 손톱을 물어뜯는 것일 수도 있고, 머리카락을 돌돌 마는 습관을 가지고 있을 수도 있겠죠. 그의 행동이 나와 전혀 관계없는 것일지라도 나는 그의 행동이 유난히 불편하고 거슬릴 수 있어요. 그럴 때 도덕적이거나 착한 사람들은 자신이 유난하다고 생각하면서 스스로를 비난하고, 불편한 자신의 느낌을 억누르려고 애쓰죠. 하지만 이건 진정한 이해가 아니에요. 나도 내 유난스러운 성격을 알아요. '그래서 참고 있다고요'라며 변명하는 것이죠. 그보다는 '내게 이런 민감한 측면이 있구나. 그 사람에겐 미안하지만 나는 그런 행동을 참 싫어해. 내가 까탈스러운 것일 수 있지만 괴로운 건 사실이야'라고 생각하는 게 솔직하고 자존감 있는 태도예요. 자신의 불편감을 인정하면 그 느낌에서 벗어날 대책을 마련할 수 있어요. 우선은 상대에게 불안한 게 있는지 물어볼 수 있고, 또 손톱을 물어뜯는 행동을 보고 있자니 내가 괜히 불안해진다고 고백할 수도 있죠. 더 바람직하게는 내 안의 어떤 불안 요소가 상대의 행동으로 자극되는지 성찰할 수도 있고요. 다시 말하지만 '나를 불편하지 않게 하려면 어떻게 해야 하지?' 하는 물음으로 시작하는 게 자존감이라고 저는 생각해요. 내 감각이나 내 생각이 마음에 들지 않더라도 일단 인정해주고 불편하지 않도록 대책을 세워주는 것이 자존감입니다.

부모의 태도가 상처로 느껴진다면, 내가 상처받고 있다는 걸 인정해주고 더는 그 상처에 노출되지 않도록 대책을 세워야 합니다. 그게 나라는 존재에 대해 내가 책임지는 태도예요. '다른 부모도 다 그래', '그 정도 일로 민감하게 군다면 내가 너무 못된 자식이야'라고 생각하면서 못되지 않으려고 노력한다면 부모 이상으로 자기 자신을 학대하고 괴롭히는 것이에요. 그러면서 부모의 사랑을 요구할 수 없어요. 부모와 관계를 끊는 것이 내 필요와 내 욕구, 내 불편감 때문이라는 걸 인정해야 해요. 자신에게 못된 측면이 있다는 걸 인정하면 이 모든 것이 부모 때문이라며 억울해하지 않아도 되죠.

다시 말하지만 죄책감은 자신이 나쁠 수도 있다는 사실을 인정하지 않으려고 느끼는 감정일 수 있어요. '나, 사실은 이렇게 반성적인 사람이에요'라고 말하고 싶은 거죠. 그런데 못되거나 나쁜 점이 하나도 없는 사람이 있나요? 우리는 모두 이기적이고 못된 측면을 가지고 있어요. 그리고 못된 측면은 자신을 보호하는 역할을 합니다. 상대의 간섭이나 나에 대한 월권을 거부하는 행위인 거죠. 내 까다로운 성격 때문에 부모가 불편했을 수도 있죠. 그렇다면 그 점에 대해 부모에게 미안해하고, 스스로에게는 '그게 나야'라고 인정해줘야 해요.

자존감에 대한 다양한 정의가 있는데, "내 감각이나 내 생각이 마음에 들지 않더라도 일단 인정해주고 불편하지 않도록 대책을 세워주는

"자신에게 못된 측면이 있다는
걸 인정하면 됩니다. 왜 못되면
안 되나요?"

것"이라는 선생님의 정의가 마음에 와닿았다. 자신이 자신을 지키지
못하면서 부모의 사랑을 요구할 순 없고, 그건 부모 이상으로 자신을
괴롭히는 것이라는 지적이 날카로웠다. 자존감과 자기에 대한 책임이
만나는 지점이었다.

**누가 봐도 병리적 부모 아래서 고통을 당하면서도 관계를 끊어야겠다는
생각 자체도 못하는 사람도 있는데요.**

인간은 어린 시절 경험한 문제 상황을 성인이 되어서도 재현하
려는 반복강박repetition compulsion의 욕구를 가지고 있다고 합
니다. 내게 힘이 생겨서, 과거와는 다르게 성공적으로 문제를
극복하게 되었다는 걸 확인하고 싶기 때문이라는 겁니다. 예를
들어, 알코올 문제를 가진 아버지 때문에 고통받은 자녀는 알
코올 문제를 가진 배우자를 만나 그가 술을 끊고 자신과 행복
하게 살기를 원하는데 그게 바로 반복강박의 예죠. 또 고통이
너무 익숙해서, 고통 없는 상황이 너무 공허해서 고통스러운
관계를 반복하는 것일 수도 있어요. 익숙한 고통이, 고통 없는
미지의 상황보다 덜 불안하기 때문이죠. 혹은 해결해야 할 중
요한 자신의 심리적 문제, 자신의 현실적 문제를 외면하고 싶
어서 익숙한 고통에 온통 신경을 빼앗기는 경우도 있어요. 자
신은 어떤 이유 때문에 부모와의 고통을 정리하지 않는지 돌아
봐야 합니다.

건강한 부모로부터 건강한 사랑을 받은 자녀가 독립하기보다, 해악이 많은 부모로부터 상처 입은 자녀가 부모와 결별하기로 결심하는 것이 더 어려운 것 같습니다. 그 이유는 무엇인가요?

앞서 말한 반복강박처럼, 부모와의 관계를 해결하고 싶어서 더 집착하는 것일 수 있어요. 어렸을 때부터 형과의 사이에서 차별받았던 둘째 아들이 아내의 불만에도 불구하고 평생 어머니에게 절대 복종하고 효도하는 경우가 있어요. 그 아들이 바라는 건, 형보다 내가 어머니에게 훨씬 쓸모 있는 자식이라는 걸 인정받는 것이죠. 물론 그 바람은 쉽게 채워지지 않을 거고, 그 과정에서 분노 역시 돌이킬 수 없을 만큼 커질 거예요.

저의 경우, 어머니가 돌아가시고 나서 어머니를 지키지 못했다는 죄책감과 어머니에 대한 그리움에서 쉽게 벗어나지 못해 괴로웠어요. 나중에 알게 된 건데 그 그리움과 죄책감은 미움과 증오를 숨기는 가면이었어요. 부모에 대한 부정적인 감정이 감당할 수 없을 만큼 크다고 느껴질 때 오히려 반대 감정, 그러니까 효도라든지, 그리움, 사랑 같은 것으로 부정적 감정을 포장하기도 해요. 부모로부터 여봐란듯이 벗어나고 싶은 생각, 증오 같은 것들이 강할 때 그로 인한 죄책감 때문에 오히려 벗어나지 못하고 쩔쩔맬 수도 있어요. 물론 이런 과정은 대부분 무의식적이어서 자신도 자신의 솔직한 감정을 모르죠.

그럼 부모와의 관계에서 받은 상처 때문에 평생을 헤매는 사람들의 상처는 어떻게 치유될 수 있을까요?

부모 때문에 상처 입었더라도, 나이 든 부모는 성인이 된 나에 대해 영향력을 잃게 됩니다. 그런데 여전히 상처 때문에 괴롭다면, 부모가 했던 주문이 그대로 내면화되어서 내가 나를 괴롭히고 학대하는 거예요. 그런 사람들은 자기 내면의 비난하는 부모가 강력해서, 자신을 보호하고 사랑해주는 부모상을 회복하지 못한 것일 수 있어요. 이 세상에서 나를 사랑하고 보호하고 위해줄 사람은 나밖에 없고, 나의 행복을 위해 애쓸 사람도 나밖에 없습니다. 그러면 대답은 명확해지죠. 내가 내 행복을 위해 노력해야 한다는 겁니다. 내가 부모처럼 따뜻하게 나를 돌보면서 말이죠. 나의 고통을 모두 부모 탓으로 돌리면 내 불행이 나의 책임이 아니니 어떤 점에서는 마음이 편합니다. 어떤 노력을 하지 않고 누군가를 원망하기만 하면 되기 때문이죠. 하지만 문제를 해결할 가능성에서는 멀어져요. 불행한 과거를 복기할수록 부모에게 상처 입은 무력한 피해자 정체성을 붙잡고 놓지 못하기 때문입니다.

발달심리학에서는 성인들도 죽을 때까지 발달과정을 거치게 되어 있고 또 매 단계 해결해야 할 발달과업이 있다고 주장해요. 따라서 각각의 시기마다 맞닥뜨리는 문제를 해결하면서 성숙해져야 해요. 그런데 생애 초기에 발생했던 부모 문제에 계속 매달려 있으면 이후의 모든 발달과정을 지연시킬 뿐 아니라, 그 발달과제를 외면하고 지연시켜서 생긴 문제까지도 부모 탓으로 돌리면서 살아가게 되죠.

> 부모를 원망하며 과거를 붙들고 사는 삶에도 이득이 있다는 걸 알게 됐다. 내 불행이 내 책임이 아니고 노력을 하지 않아도 되는 이득. 앞서 선생님의 답변에서 자존감과 자기에 대한 책임이 연결되듯이, 뿌리 깊은 원망감과 피해자 정체성도 자신에 대한 책임과 연결되었다.

세상에 완벽한 사람이 없듯이 완벽한 부모도 되기 어렵잖아요. 좋은 부모란 어떤 부모이고, 어떻게 하면 좀 더 좋은 부모가 될 수 있을까요?

아이의 인생에 지나치게 간섭하고 참견하고 강제하는 부모가 아니라 보호하고 지켜보고 지지하는 부모가 당연히 좋은 부모입니다. 우리처럼 교육열이 뜨거운 나라에서는 쉽지 않은 부모상이죠. 젊은 시절부터 교육에 대한 가치관이나 인간관 등이 정립된 사람이어야 할 거예요. 한마디로 성숙한 사람입니다. 그런 점에서 성숙한 사람이 좋은 부모예요. 초보 부모가 성숙하기는 쉽지 않지만 나이 들수록 심리적으로 성숙해진다면 바랄 나위가 없겠죠. 초보 부모 시절엔 미숙해서 아이에게 상처를 주더라도 미숙한 자신을 성찰하고 아이의 인격을 존중해나간다면 얼

박미라

마든지 관계는 좋아질 수 있습니다. 어렸을 때는 부모를 미워했지만 나이 들면서 부모와 무척 각별해지는 경우가 꽤 많거든요. 그런 경우 대부분 부모의 진지한 사과가 계기가 돼요. 부모가 진심으로 사과하고 자식을 존중하기 위해서는 사실 부모가 성숙해야 해요. 성숙해진 부모만이 그 일을 할 수 있어요.

부모로부터의 독립과 '어른이 된다'는 것은 어떤 상관관계가 있을까요?

미움이라는 감정으로 부모와 강하게 밀착된 경우가 많아요. 미움만큼 강한 애착도 없거든요. 그들은 미워하면서 자기 인생의 주인공을 부모로 삼은 겁니다. 그가 하는 이야기, 그의 생각 중에서 부모가 차지하는 비중이 가장 크기 때문이죠. 자신의 모든 행동이 부모 탓이기 때문에 삶에서 온전히 내 것이라고 경험하는 것도 어려워요. 어른이 된다는 것은, 나라고 하는 존재에 대한 권리와 책임을 내가 온전히 갖는 거예요. 내가 내 인생의 문제를 결정하고 그 결과를 감당하고 겪는 것이고, 그것으로부터 삶을 배워나가는 것이죠. 인생은 그렇게 성장하고 발달하는 겁니다.

그런데 부모에게 전적으로 의존하거나, 혹은 자신의 불행에 대해 부모 탓만 하게 되면 내 인생에서 내가 배울 것도 발전시킬 것도 없어요. 내가 한 결정이 아니기 때문에 도대체 무엇이 잘못된 건지 알 길이 없는 거죠. 그래서 독립이 필요합니다. 부모가 준 상처가 아직 내게 남아 있을지라도 그 모든 것을 온전히 나의 것으로 받아들이고 거기서부터 시작하는 거죠. 한편으로는 연민의 마음으로 자신의 상처를 돌보고 위로하고 격려하면서, 다른 한편으로는 내 삶을 내가 결정해나가는 거지요. 완전히 독립하는 일은 생각보다 어려워요. 평생 독립의 길을 가야 하는 것 같아요. 쉰이 넘어서도 저는 여전히 내면에서 부모의 그림자를 만나거든요. 그럴 때마다 알아차리면서 가능한 내 힘으로 해보고, 내가 감내하고 그 결과를 받아들이는 과정을 반복하다 보면 보다 온전한 독립이 가능해지고, 그것이 어른이 되는 길이죠.

부모로부터 사과를 받기도 어렵거니와 사과를 받더라도 상처가 치유되지 않을 가능성이 있다는 사실은, 슬프다. 어떤 이에겐 그것이 평생의 과업이라 이 인터뷰가 심한 좌절감을 줄 수도 있겠다는 생각이 들었다. 하지만 더 슬픈 건, 부모 탓을 하며 과거에 매달리게 되면 진짜 생이 흘러가버린다는 것이다. "변하지 않을 부모와 씨름하느라 성인기의 발달과제를 지연시키고 삶의 체험도, 삶에서 배우는 것도 어려워지기 때문"이다. 행여 이제는 공을 내가 가져 와야 한다는 두려움을 느끼는 독자들이 있다면 말씀드리고 싶다. 그것은 진짜 자신만의 생을 시작하는 설렘을 느낄 수 있는 기회라고.

연애할 때의 약은 왜 결혼해서 독이 되는가

가족 상담 권위자

김용태 — 초월상담연구소장

김용태 소장이 대학교에서 수학 교육을 전공하다 상담으로 전공을 바꾼 데에는 특별한 이유가 있다. 대학시절 누구나 그렇듯이 누군가를 좋아하게 되면서 '내 것이지만 내 마음대로 할 수 없는 이 마음이란 건 대체 뭔가' 하고 마음에 관심을 갖게 된 것이다. 이를 계기로 마음이 아픈데도 어찌하지 못하고 있는 사람들을 도와주고 싶어 과감하게 상담학으로 전공을 바꾸었다. 미국에서 결혼과 가족 치료학으로 철학박사 학위를 받은 후 수십 년을 상담에 몸담고, 상처받은 내담자들과 함께 울고 웃으며 그들의 상처를 어루만지고 있다. 30년 이상의 부부 상담 경력을 지닌 김용태 소장은 현재 가족 상담 분야의 국내 최고 권위자로 손꼽힌다.

초월상담연구소장 김용태

서울대학교에서 수학교육을 전공하다 '마음'의 문제에 눈을 뜨고 서울대 대학원에서 상담학을 공부한 뒤 미국 풀러신학교에서 결혼과 가족치료학으로 철학박사 학위를 받았다. 한국청소년상담원에서 상담교수를 역임한 뒤 횃불트리니티 신학대학원 대학교에서 기독교상담학을 20년 동안 가르쳤다. 한국가족상담학회 회장, 한국심리치료상담학회 회장 등을 역임했으며, 《가짜감정》《남자의 후반전》《부부 같이 사는 게 기적입니다》 등의 저서를 펴냈다.

"결혼한 그 이유 때문에 이혼한다." 부부 상담가들이 자주 하는 말이다. 연애할 때의 '꼼꼼함'은 결혼하면 '쩨쩨함'으로 보이고, 연애할 때의 '우직함'은 결혼하면 '고집불통'으로 보인다. 베푸는 미덕은 '쓸데없는 오지랖'으로, 박학다식의 매력은 '재수 없는 잘난 척'으로 느껴진다. 내가 변해서일까, 상대가 변해서일까, 아니면 사랑이 변해서일까? 30년 이상의 부부상담 경력을 가진 김용태 선생님을 찾은 이유다.

남녀가 서로 끌리는 유형이 있을까요?

먼저 주제별로 끌리는 경우가 있습니다. 대표적인 게 '구원자'와 '불쌍녀'의 만남입니다. 타인을 구원하고자 하는 욕구가 있는 사람은 스스로를 불쌍하게 여기는 사람과 서로 끌립니다. 또 성격 차이로 서로 끌리기도 합니다. 예를 들어 차분한 사람은 차분한 사람에게 안 끌립니다. 차분한 사람들끼리 만나면 긴장이 되어서 데이트가 안 되거든요. 차분한 사람은 활발한 사람에게 끌립니다. 둘은 서로의 부족한 면을 채워줄 상대에게 끌립니다. 또 원가족이나 배경 차이로 끌리기도 하죠.

말씀하신 '주제'라는 것에 대해 좀 더 자세히 듣고 싶습니다.

살면서 주로 경험하는 감정은 삶의 중심 주제와 연결되어 있습니다. 부모와 상호작용할 때 많이 억압당하고 참고 산 사람은 화가 주감정입니다. 어린 시절에 눈물을 많이 흘린 사람은 주감정이 슬픔이죠. 슬픈 사람은 아무래도 밝은 사람을 좋아하고, 화난 사람은 아무래도 달래주는 사람을 좋아합니다. 화가 난 사람들은 공정과 공평을 중요하게 생각합니다. 그래서 이 사람들은 부당의 주제가 있어요. 나를 부당하게 대하면 자꾸 화가 나죠. '화'는 감정이고 '부당'은 주제입니다. 내가 어떤 사람을 만나서 얘기를 하다가, 자기도 모르게 화가 나면 상대방이 부당하게 한다고 느끼는 겁니다. 그래서 화가 나죠. 어떤 사람은 똑같이 부당하게 당하는데, 화가 나기보다 슬픔을 느낍니다. 화난 사람과 슬픈 사람은 전혀 다른 사람인 거죠.

배우자 선택과 원가족과는 어떤 상관관계가 있을까요?

거의 대부분 원가족과 밀접한 관계가 있습니다. 예를 들어, 원가족이 조용했던 집에서 산 사람은 대개 데이트할 때 식구가 많고 북적대는 집안을 부러워합니다. 그런 사람에게 끌려서 만나고 결혼하게 되죠. 그런데 결혼하면 거꾸로 됩니다. 북적거리는 게 시끄럽다고 느끼게 돼요. 데이트 할 때 좋았던 것들은 결혼하면 다 독이 됩니다. 약이 독이 되는 거죠.

왜 약이 계속 약이지 않고 독이 되는 건가요?

예를 들어, 조용한 집에서 오래 산 사람들은 데이트할 때는 북적거리고 사람 많은 집을 좋아했지만 막상 결혼해서 살면, 자기가 살던 대로 살게 됩니다. 자신이 살아온 패턴은 조용한 겁니다. 그런데 옆에서 떠들고 시끄럽게 하면 조용한 삶에서 느꼈던 것들을 느끼지 못하게 되어 화가 나고 신경질이 나게 되죠. 그러면 '나는 조용한 사람인데, 이 사람이 나를 조용하게 안 놔두네' 하면서 활발한 사람의 시끄러움이 자신의 조용함을 해치는 독으로 역할을 하게 됩니다.

배우자 선택 과정에서 내 무의식은 어떤 작용을 하게 될까요?

무의식이 원가족과 관련이 있기 때문에 답은 앞에 말씀드린 것과 같습니다. 조용한 원가족에서 자란 사람은, 나도 모르게 무의식적으로 조용한 걸 선호하는 패턴을 가지게 됩니다. 북적거리는 집에 살아온 사람은, 북적거림에 대한 무의식적인 선호도가 있습니다. 그래서 조용하면 처지고 우울하다고 느껴서 안 좋아합니다. 그래서 조용한 상대방을 자꾸 북돋게 하고 건드리게 되지요. 그러면 조용한 사람은 침범을 당한다고 느껴 기분이 상하죠. 그런데 둘 다 자기가 왜 그러는지 모르고 그렇게 합니다. 무의식에서 나온 행동이니까요.

그럼 원가족이 배우자 선택에 큰 영향을 끼치는 건가요?

막대한 영향을 끼친다고 할 수 있습니다. 그래서 '원가족 치료' 라는 게 있습니다. 원가족을 들여다봄으로써 원가족에서 형성된 관계와 감정을 들여다보는 거죠. 어린 시절 부모와 어떻게 살았는지, 어떤 상호작용을 했는지를 많이 얘기하게 됩니다. 부모들은 뭐라고 말을 했으며, 그때 내 마음은 어땠는지를 살펴봅니다.

배우자 문제로 상담을 온 사람도 배우자 문제보다는 원가족 치료를 해야 된다고 판단되면 원가족 치료를 하는 건가요?

그렇습니다. 배우자 선택에서 가장 중요한 게 독립입니다. 내가 새로운 사람과 살려면 원가족으로부터의 독립이 필요합니다. 그런데 독립이 안 된 사람이 많아요. 대표적인 게 마마보이, 파파걸이죠.

화목한 부모 아래서 자란 사람이 그렇지 않은 사람보다 행복한 부부생활을 할 가능성이 높은가요? 즉, 원가족의 화목도가 현재 가족의 화목도에 미치는 영향은 어떤가요?

화목한 부모 아래 자라면 화목한 부부생활을 할 가능성이 높고, 화목하지 않은 부모 아래 자라면 화목하지 않은 부부생활을 할 가능성이 높습니다. 다만 전제조건은 '특별한 노력을 하

김용태

"새로운 사람과 살려면 원가
족으로부터의 독립이 필요
합니다. 그런데 독립이 안 된
사람이 많아요. 대표적인 게
마마보이, 파파걸이죠."

지 않는 한'입니다. 노력을 하지 않으면 이 삶이 저 삶으로 갈 가능성이 아주 높습니다. 하지만 노력을 하면 얘기가 달라지죠.

데이트할 때 약이 결혼한 뒤에 독이 된다고 하셨잖아요. 그럼 독이 되는 순간, 이혼을 하게 되는 걸까요?

그래서 특별한 노력이 필요한 겁니다. 특별한 노력이라는 건, 나를 확장시켜야 한다는 거지요. 조용한 집에 살던 사람이 상호작용이 활발한 사람을 만나면 상호작용이 활발한 쪽으로 이동해야 되고, 반대로 상호작용이 활발한 사람은 조용한 쪽으로 이동해야 됩니다. 이게 발달이고 발전이고 성숙입니다. 사람은 끊임없이 발달하고 성숙해야 합니다. 그러지 않으면 문제가 생겨요. 그건 관계에서만 그런 게 아니라 개인과 단체, 국가도 마찬가지입니다. 어떤 조직, 단체, 국가, 가족이든 성장이 없으면 그 자체로 문제가 돼요. 우리 몸도 그렇잖아요. 우리가 몸을 움직이지 않으면 문제가 생깁니다. 자연 상태로 두면 나빠지고 악화돼요. 그것이 세상의 이치죠. 그래서 서로 다른 부분을 '발달'의 주제로 받아들여야 합니다. 부부가 각자 성장해야 해요. 성장하는 개인이나 부부는 새로운 삶을 만들어가기 때문에 독을 자극제로 사용하여 약이 되도록 만들지요.

**그렇다면 부부 간의 갈등뿐 아니라 동료나 친구, 형제 간의 갈등도 발달
과 성장의 주제로 받아들이지 않기 때문일까요?**

모든 인간관계가 다 똑같습니다. 발달의 주제, 성장의 주제로
받아들이지 않기 때문에 갈등이 생기고 서로 미워하다가 관계
가 끊어지게 됩니다.

> 부부 간의 갈등을 성격 차이 혹은 이기심이나 관용의 문제로 바라보았
> 던 나에게 그것을 '성장과 발달의 틀'로 보라는 말씀은 지진과도 같은
> 패러다임의 전환이었다. 갈등은 성장과 발달에 대한 저항이자 거부이
> 며, 성장은 미개발된 부분으로의 확장이자 발달을 의미하는 것이었
> 다. 그렇다면 구체적인 방법론이 궁금했다.

**배우자를 어떤 기준으로 고르면 좋은가요? 성격이나 가치관, 취미, 취
향 등에서 어떤 것이 맞을 때 가장 화목한 부부생활을 할 수 있나요?**

배우자를 선택할 때 배경은 같을수록 좋습니다. 배경이 차이가
나면 날수록 힘들고 노력이 많이 필요합니다. 대표적인 게 문
화적 차이죠. 예를 들어 다른 언어권끼리 결혼한 경우 같은 언
어권과 결혼한 경우보다 훨씬 힘듭니다. 일단 언어부터 배워야
하니까요. 또 사회경제적 지위도 차이가 많이 날수록 힘듭니다.
일단 돈 쓰는 습관이 다르거든요. 한 사람은 원하는 걸 쉽게 사
고 쓰는데, 상대는 그게 걱정이 되어서 자꾸 "왜 이리 돈에 대

한 개념이 없냐"고 제재를 하게 됩니다. 그러면 서로 부정적인 판단을 하게 되고 그 과정에서 상처를 많이 입습니다. 따라서 배경은 비슷할수록 행복합니다.

반면 성격은 다를수록 행복해집니다. 물론 성격이 너무 많이 다르면 얘기가 달라지는데, 그렇지 않으면 배움의 주제가 있거든요. 방방 뜨는 사람들과 살면 불안하긴 해도 우울해지진 않아요. 방방 뜨는 사람에게 차분한 사람은, 이 사람이 무슨 생각을 하는지 무섭긴 한데, 방향을 잡아주는 장점이 있죠. 그런 게 어우러져서 살 수 있어요. 가치관은 삶에 대한 지향점인데 그 지향점은 같을수록 좋고 다를수록 힘듭니다. 대표적인 게 종교죠. 한 명은 기독교를 믿고 한 명은 믿지 않을 때, 돈 쓰는 지향점이 달라집니다. 한 명은 "그 돈이 내 돈이냐, 하나님의 돈이지"라고 말하고, 한 명은 "무슨 소리냐! 그게 내가 번 돈인데 왜 교회에 십일조를 내냐"가 되는 식이지요. 이러면 갈등이 생겨요. 취미가 같은 경우, 공유할 수 있는 즐거움도 있고, 다르면 배울 수 있는 즐거움도 있기 때문에 크게 상관은 없습니다.

배우자가 이럴 경우엔, 무조건 이혼을 하는 게 낫다는 경우가 있을까요?
대표적인 경우가 바람을 피우고 반성하지 않는 경우입니다. 그런 경우는 어떻게 할 수가 없습니다. 이미 마음이 떠났다는 거거든요. 이럴 때 많은 경우, 부인들이 상대 여자를 찾아갑니다. 부질없는 일인데 대체로 그렇게 합니다. 저 여자를 떼어놔야 남자의 마음이 나에게 올 거라고 생각하는데, 그건 조건적인 처치conditional treatment입니다. 사람은 조건이 되어도 마음이 안 돌아오는 경우가 많거든요. 그래서 심리적 이혼이 생기는 겁니다. 상대 여자를 찾아갈 것이 아니라, 배우자와 나 사이에 커뮤니케이션이 안 되거나 서로 매력이 떨어지는 문제를 찾아야 합니다. "나랑 살고 싶냐? 안 살고 싶냐?"라고 직접적으로 물어서 상대가 마음을 안 바꾸면 못 사는 것이지요.

폭력도 마찬가지입니다. 폭력이라는 건 이유 불문하고 멈춰야 합니다. 사람뿐만이 아니라 생명이 있는 존재는 모두 막다른 길에 도달하게 되면 가장 먼저 생각하는 게 '생명보존'이지, 관계가 우선이 아닙니다. 나를 죽이려 하거나 나를 폭력으로 못 살게 하면 함께 못 사는 거죠. 부부 상담이나 가족 상담을 할 때 가장 먼저 요구하는 게 때리지 말기, 소리 지르지 말기입니다. 소리 지르는 것은 정서적 학대이고, 때리는 것은 신체적 학대입니다. 학대가 일어나고 있는 한 관계는 안 됩니다. 불가능합니다.

배우자가 주는 상처 중에서 가장 회복되기 어려운 상처는 무엇인가요? 신체적 폭력인가요, 정서적 학대인가요, 아니면 외도일까요?

부부싸움 규칙 중에 이런 게 있습니다. '돈 히트 언더 더 벨트 Don't hit under the belt' 권투할 때 벨트 아래를 치면 반칙이듯이, 상대가 너무나 아파할 만한 것들이 있는데, 그걸 건드리면 회복하기 어렵습니다. 그 부분은 사람마다 다릅니다. 예를 들어, 몸에 대한 열등감이 심한 사람에게는 몸에 대한 열등감을 건드리면 안 되고, 스스로 멍청하다고 생각하는 사람에게 멍청하다고 하면 이건 영혼을 죽이는 말들이자, 학대입니다. 서로 간에 '이걸 건드리면 관계가 끝장이겠구나' 하는 것들을 알고 이해하고 필요한 경우 알려줘야 합니다. 그래서 그 선을 넘지 않아야 합니다. 내가 도저히 견딜 수 없는 지점까지 관계 설정을 하면 안 됩니다. 신체적으로든 심리적으로든 일단은 내가 살아야 하기 때문입니다. 부부관계가 자칫 모든 걸 공유하고 모든 걸 허용하는 관계라고 생각하기 쉬운데, 그건 환상일 뿐입니다.

지속적인 가정폭력이나 외도, 도박, 알코올중독 등의 문제에도 불구하고 헤어지지 못하는 사람들이 있습니다. 극도로 불행하면서도 헤어지지 못하는 이유는 무엇인가요?

중독자의 경우, 구원자 주제가 생깁니다. 알코올중독이든 종교중독이든 약물중독이든 성중독이든, 중독자 옆에 있는 사람은 구원자 주제가 생기죠. 중독자들의 행동 패턴이 중독 상황에서

김용태

는 구제불능처럼 느껴지지만, 중독에서 벗어난 상태가 되면 자기반성을 심하게 합니다. "내가 그때 술을 먹어서 그래", "내가 미쳤지, 미쳤지" 하면서 사과를 하죠. 일시적인 반성임에도 불구하고 옆에 있는 사람은 '저 사람에게서 술만 떼어내면 괜찮은 사람'이라고 느낍니다. 그게 괜찮은 게 아닌데도 술만 떼어주려고 합니다. 즉, 구원자가 되려고 해요. 알코올중독자는 술을 마시면 함부로 하고 때리기도 하는데, 저 사람에게 술만 떼어내면 내가 저 사람과 잘살 수 있다고 생각하는 거죠. 그래서 술을 못 먹게 하려고 자꾸 노력을 합니다. 그래서 형성되는 관계를 '융합관계fused relationship'라고 합니다. 둘이 딱 붙어서 융합이 되고 못 헤어집니다. 얻어맞으면서 못 헤어지고, 중독자와도 못 헤어지고 바람을 피우는데도 못 헤어집니다.

즉, 구원자가 되는 '심리적 이득' 때문에 못 헤어진다는 건가요?

그렇습니다. 구원자가 되는 심리적 이득이 쏠쏠하거든요. 구원자가 되면 도덕적으로도 우월한 느낌이 들고 내가 더 착하다는 느낌이 듭니다. 이 맛이 쏠쏠합니다. 심리치료를 하다 보면, 이 맛 때문에 바꾸질 못합니다. 그래서 구원자를 변화시키려고 하면 저항이 엄청나게 일어나지요.

극도로 불행하게 살면서도 "자녀 때문에 참고 산다"는 부부가 많습니다. 그렇다면, 이들 역시 실제로는 자녀 때문이 아니라, 자신의 심리적 이득 때문에 사는 것일까요?

자녀 때문에 참고 산다고들 많이 말하는데, 실제로는 그렇지 않은 경우가 많습니다. 실제로 자녀 때문에 참고 사는 경우는 아이가 다 크고 나면 황혼이혼을 합니다. 그런데 아이들이 다 컸는데도 이혼을 하지 못하면 본인의 주제가 얽혀서 못 헤어지는 거지요.

가정폭력을 행하는 아버지를 둔 여자가 가정폭력 남편을 만나고, 가정폭력 아버지를 둔 아들은 스스로 가정폭력 아버지가 되는 경우가 많습니다. 왜 배우자 선택이나 자신이 형성한 가정에서 원가족의 문제를 되풀이하게 되는 걸까요?

내가 얻어맞으면 '폭력 세상'에 노출이 됩니다. 자녀와의 관계에서 '폭력을 쓰지 말아야지'라고 생각하는 것 자체가 이미 폭력에 노출된 겁니다. 보통 사람들은 그런 생각 자체가 없거든요. '폭력을 쓰지 말아야지'라는 생각은 지금 참고 있다는 뜻입니다. 참다가 참다가 터지면 폭력을 쓰게 되죠. 이미 폭력 세상에 노출된 사람은 그걸 그대로 가지고 옵니다. 마찬가지로 바람난 부모를 둔 자녀의 경우 아들은 '나는 절대로 바람 피우지 말아야지'라고 결심하고 딸들은 '나는 절대 결혼하지 말아야지'라고 결심합니다. 그런데 결혼을 해서 살다 보면 딸의 경우 남편이 바람을 피우는지 안 피우는지 계속 살피게 됩니다. 남편에게 별일이 아닌 일에도 "오늘 누구 만났어? 혹시 여자 만난 거야?"라는 말을 자꾸 하게 돼요. 그러면 아무 생각이 없던 남편에게 바람에 대한 인식을 심어주게 되는 겁니다. 자꾸 그렇게 말하면 남편도 은연중에 '내가 바람을 피웠나'라고 생각하게 됩니다. 모든 믿음은 들으면서 생기거든요. 그래서 오히려 남편을 외도의 세계에 노출시키게 되고, 결국은 외도하는 사람으로 만듭니다. 이 모든 게 무의식적으로 일어납니다. 그래서 결국 남편이 바람을 피우게 되면 "거봐, 역시 남자는 믿으면 안 돼"라면서 자신의 원가족 주제를 되풀이하게 되죠.

'결혼 적령기'라는 말이 있는데, 과연 우리는 언제, 어떨 때 결혼하면 좋을까요?

생물학적, 심리학적인 주제가 다릅니다. 일단 생물학적으로는 가임기를 좀 고려해야 하죠. 산모 나이가 너무 늦어지면 아이를 낳는 데 문제가 생기니까요. 심리학적으로는 부모로부터의 독립 여부가 중요합니다. 일찍 독립하는 사람도 있고 늦게 독립하는 사람도 있고, 개인차가 있습니다. 독립의 주제 중에 중요한 게 삶의 방향과 가치관입니다. 결혼한다는 건, 부모의 삶과 내 삶의 방향이 달라진다는 걸 의미합니다. 따라서 생물학적으로 적절한 연령이 있을지 모르지만, 심리학적으로는 적절한 연령이 따로 있는 게 아니라 어느 정도 독립을 할 수 있을 때가 적령기입니다.

독립의 지표는 부모의 가치관과 나의 가치관이 달라지는 것이라고 말씀하셨는데요. 그런데 부모와 나의 가치관이 같을 수도 있지 않나요? 예를 들어 부모도 약자를 돕는 걸 중요한 가치로 여기고, 나 역시 그럴 수 있으니까요.

부모와 가치관이 같아도 내 것으로 소화를 하면 독립된 사람입니다. 똑같이 남을 돕는다고 해도, 남을 돕는 방식은 다를 수 있습니다. 부모님이 주변 사람부터 먼저 도왔다면 나는 멀리 있는 사람부터 도울 수 있습니다. 이렇게 다른 게 정상입니다. 그게 '정체성identity'라는 거죠. 똑같으면 정체성이 없다는 말입니다. 정체성이 있다는 건, 달라진다는 걸 의미합니다. 같은 가치관을 가져도 다른 것이고, 같은 방향을 보고 있어도 다르게 이해하는 것이죠. 약자를 돕는 부모의 가치관을 받아들여서 약자와 강자를 모두 도울 수 있으면 부모의 것을 내 것으로 소화한 정체성을 갖는 것입니다.

부부 간의 갈등을 '성장과 발달에의 거부' 혹은 '부모로부터의 미독립'이라는 틀로 바라보자 주변의 많은 부부 갈등이 해석되었다. 그러자 훨씬 더 근본적인 질문을 던지고 싶어졌다.

과연 결혼은 하는 게 좋을까요? 인류 역사상 가장 오래된 제도라는 건, 인간의 본능이라는 뜻이기도 하지만, 인간의 본능을 거스르는 부자연스러운 제도라는 의견도 많은데요.

인간의 사랑은 어떤 때는 목숨을 위협할 정도로 강력한 힘을 가지고 있지만, 한편으로는 너무 상처받기 쉽고 약하기도 합니다. 어떤 형태로든 이런 감정적 관계를 보호할 필요는 있습니다. 만약 이런 감정적 관계를 제도적으로 보호하지 않으면 무슨 일이 벌어질까요? 서구사회에서처럼 '동거'가 만연하게 됩니다. 동거하는 사람들의 공통된 특징은 쉽게 헤어진다는 거예요. 헤어지게 되면 두 사람의 문제로 끝나지 않고, 자녀 문제가 생깁니다. 자녀라는 생명의 성장에 가장 중요한 건 안정성입니다. 안정성이 없으면 생명은 파괴되기 쉬워요. 그 안정성을 위해 필요한 게 제도죠. 감정의 보호와 생명의 보호를 위해 가족 제도와 결혼제도가 필요합니다.

두 번째로, 본능에 대해서 이야기해봅시다. 모든 제도와 법은 본능과 반대됩니다. 결혼 제도뿐만 아니라, 모든 제도가 다 그렇죠. 제도가 왜 있냐 하면 본능을 거스르기 위해서예요. 대표적인 게 차선이잖아요. 차선이 왜 있을까요? 차선이 없으면 내 맘대로 다닐 수 있어요. 대신 사고가 어마어마하게 날 겁니다. 그런 사고를 방지하기 위해 차선을 두는 거잖아요. 그래서 법은 언제나 우리의 본능과 어게인스트 관계에 있습니다. 바꿔 말해, 법에 따라서 내 본능을 조절하는 사람이 인격적인 사람입니다. 결혼 관계, 결혼 제도라는 건 인격적 관계를 바탕으로 하는 거죠.

결혼에 임하는 자세가 어떠해야 결혼이라는 제도 속에서 행복할 수 있을까요?

제 책 세 권 《가짜감정》《중년의 배신》(《남자의 후반전》으로 재출간) 《부부 같이 사는 게 기적입니다》의 주제는 하나입니다. 바로 '초월'이죠. 관계를 잘하려면 나를 넘어서야 합니다. 나를 넘어서지 않고는 관계를 잘 맺을 수 없습니다. 불가능하죠. '이해한다', '공감한다'는 말의 뜻은 나를 넘어선다는 겁니다. 상대가 하는 말을 일단 들어야 합니다. 내 생각에 사로잡혀 있으면 상대의 말이 안 들리고 귀가 없어져요. 남의 얘기를 잘 듣는 사람은 스스로 비워져 있는 사람입니다. 그래서 '공간'이라는 말을 많이 씁니다. 자기 자신을 비우지 않는 사람은, 남을 이해하지 못하고 공감하지 못하죠. 나를 넘어서는 초월적 자세가 안 되면 자기중심적이 됩니다. 자기중심적이 되면 상대방 얘기는 안 듣고 자신이 원하는 것만 말하게 되고, 내가 하고 싶은 대로만 하게 돼요. 그러면 반드시 관계는 망가집니다. 보아도 보지 못하고 들어도 듣지 못하는 사람이 되는 거죠.

절대 결혼을 해서는 안 되는 사람의 유형이 있을까요?

이런 유형의 사람이 따로 존재하지는 않지만 자신을 반성할 줄 모르는 사람하고 사는 삶은 많이 힘듭니다. 이런 사람들의 대표적인 특징은 남의 이야기를 잘 듣지 못한다는 겁니다. 이들은 보아도 보지 못하고 들어도 듣지 못합니다. 분명 상대를 보고 있는데도 상대가 뭐라고 하는지가 안 보이는 사람들이죠. 이런 사람은 관계를 못 해요. 관계를 한다는 얘기는, 언제나 내가 틀릴 수 있음을 전제로 하는 것입니다. 즉, 초월이죠. 내가 틀릴 수 있음이 전제가 되어야 관계는 진행이 됩니다. 그러지 않으면 힘의 관계를 하게 됩니다. "내 말 들어!"가 되죠.

'부부상담'이 어떻게 부부관계를 치유하게 되는지 메커니즘이 궁금합니다.

부부상담을 하게 되면, 모르는 걸 알게 하고 상대방의 입장을 이해하고 관계하는 방법을 배우도록 해줍니다. 즉, 인식과 역할

"상대가 하는 말을 일단 들어야 합니다. 내 생각에 사로잡혀 있으면 상대의 말이 안 들리고 귀가 없어져요. 남의 얘기를 잘 듣는 사람은 스스로 비워져 있는 사람입니다."

바꾸어 관계하기의 주제가 생깁니다. 왜 서로 갈등이 생겼는지, 왜 저 사람은 나에게 반대를 하고 왜 나에게 저렇게 화가 나있는지, 왜 나를 저렇게 미워하고 싫어하는지 도통 이해가 안 되기 때문에 인식 작업부터 합니다. 인식을 하려면, 자기 모습을 비춰보게 해줘야 합니다. 우리가 거울에 자신을 비춰보듯이 말이죠. 사람들은 보통 신체적인 미러링은 하는데, 정신적인 미러링은 하지 않아요. 그게 큰 문제죠.

상담가들이 거울들입니다. "당신이 이런 사람입니다", "당신은 이렇습니다"라고 비춰주죠. 내담자가 상담가와 대화가 안 되면 당연히 그 누구와도 대화가 안 됩니다. 상담가는 이해하려고 작정한 사람이고 이해하도록 전문적으로 훈련을 받은 사람들입니다. 그런데 이들과도 대화가 안 된다면 당연히 배우자와 소통은 불가능이죠. 그래서 그것부터 합니다. 역할 바꾸어 관계하기는 서로의 입장을 이해하고 상대방의 입장에서 역할을 수행하면서 자신의 행동을 바라보도록 합니다. 자신의 입장에서만 역할을 하면 상대방이 이해되지 않아서 답답해지고 화를 내게 되죠. 역할을 바꾸어서 관계를 하면 상대방의 마음과 행동이 이해됩니다. 그리고 자신의 행동이 상대방에게 왜 문제가 되는지를 이해하고 받아들이게 되죠.

이 인터뷰를 단 한 줄로 요약하라고 한다면, '부모로부터 독립한 사람이 성장과 발달, 성숙을 계속 추구해나갈 때만이 행복한 부부생활을 할 수 있다'고 정리하고 싶다. 그런데 세상에 부모로부터 진정한 독립을 이룬 사람과 성장과 발달을 멈추지 않고 도모해나가는 사람이 얼마나 될까? 그래서 대부분의 부부생활이 갈등과 오해, 미움으로 점철돼 있는지도 모르겠다. 그런 점에서 부부생활을 어떻게 해나가는지야말로 고급인격의 지표, 각자의 인격을 가늠하는 격전지일 수 있겠다는 생각이 들었다.

김용태

자식의 의대, 고시 합격이 행복이라면

국내 최고의 부모 멘토

조선미 — 정신과 교수

　혹시 조선미 교수가 텔레비전에서 단호하고 예리하게 육아 문제를 지적하는 모습만 본 독자라면, 그의 진짜 모습의 100분의 1만 본 것이다. 실제로 그의 강연을 들은 청중들은 그의 유머러스함과 소탈함, 시종일관 끊이지 않는 웃음에 반하고 만다. 학부 때 화학을 전공했으나 대학원에서 심리학으로 방향을 튼 드문 이력을 가지고 있으며, 의과대학 교수진 중에서도 보기 드문 심리학자이기도 하다. 그 자신이 아들과 딸을 키워낸 부모로서, 인터뷰나 강연에서 자신의 실제 육아 경험을 많이 털어놓는다. 사교육은커녕 아이들의 성적표에도 무심하지만 자녀의 정서와 행복엔 예민한 부모가 바로

평생 불행하기로 작정한 것

조선미 교수다. 강연과 집필을 통한 부모 교육 외에도 세월호 참사 피해자들의 정신적 후유증에 대한 실태조사를 주도하기도 했다.

정신과 교수 조선미

아주대학교 의과대학 교수로, 아주대학병원 정신건강의학과에서 어린이들을 대상으로 심리 평가와 치료 프로그램, 부모 교육 등을 하고 있다. 《부모마음 아프지 않게 아이마음 다치지 않게》《나는 오늘도 아이를 혼냈다》《영혼이 강한 아이로 키워라》《엄마의 품격》 등의 육아서를 쓰고 EBS 방송 프로그램 〈생방송 60분 부모〉〈부모가 달라졌어요〉 등에 출연하며 우리 시대 '부모 멘토'로 활동 중이다.

외국인이 질문했다. "한국 학생들은 대학에 들어가려고 초-중-고 12년간 잠을 못 자고, 대학에 들어가서는 또다시 취업 준비를 하느라 밤잠을 못 잔다. 그러면 도대체 한국 아이들은 잠을 언제 자니?" 내가 대답했다. "걱정 마라. 대학 졸업하면 백수가 된다. 그때부터 실컷 자면 된다."

육아서 《대한민국 부모》에 나오는 우스개 이야기다. 대한민국 부모는 '불안'을 먹고 살고, 대한민국 산업은 '부모들의 불안'을 먹고 산다. 치열한 경쟁 구조 속에 혹시라도 낙오할까, 네 살짜리 아이에게 영어를 가르치고 학습지를 들이민다. 자녀의 성공, 자녀의 미래를 위해 아빠는 돈 버는 기계, 엄마는 공부시키는 기계, 아이는 공부하는 기계로 전락했다. 한국의 가족은 정서적 공동체가 아닌 '기능적' 공동체다. 자녀의 미래와 자녀의 성공, 자녀의 행복에 온 가족의 삶이 저당 잡혀 불행의 수레바퀴를 굴리고 있다.

더욱이 해방 이후 처음으로 부모 세대보다 더 못사는 자녀 세대가 등장했다는 지금, 대한민국 부모들은 불안이 영혼을 잠식한 상태다. 과연 이 불행의 수레바퀴 끝에는 자녀의 행복이 기다리고 있을까? 그리고 불안하고 불행한 부모들은 자녀를 행복하게 키울 수 있을까? 불안한 시대에 부모들은 어디서, 어떻게 행복을 찾을 수 있을까? 우리 시대의 '부모 멘토' 조선미 선생님은 어떤 해답을 주실지 궁금했다.

소아정신과를 방문하는 아이들이 시대별로 차이가 있나요?

가장 큰 차이가, 예전에는 교과서에 나오는 장애를 가진 아이들이 많이 왔어요. 주의력결핍과잉행동장애ADHD, 자폐 등의 문제가 많았는데, 지금은 교과서에 없는 문제를 가진 아이들이 많이 와요. 타고난 장애 문제로 오는 게 아니라 학업 스트레스나 부모-자녀 관계에서 발생하는 환경의 영향으로 문제가 발생했는데, 안타까운 것은 더는 어떻게 할 수 없을 때 아이들을 데리고 온다는 거예요. 즉, 원래 발달에는 문제가 없는데 오랜 기간 특정 환경에 살면서 문제가 발생해 병명을 딱히 붙일 수 없는 경우가 많아요.

그런 경우 부모의 양육방식을 바꾸면 되니까 치료하기가 더 쉽겠네요?

부모는 웬만하면 안 바뀌어요. 장애는 약을 먹거나 해서 치료하면 되는데, 환경적으로 발생한 문제는 아이가 성장하면서 뇌 회로가 고정되어가기 때문에 고치기가 훨씬 어려워요. 보통 병원에 올 정도면 엄마가 정해진 방식으로 아이를 쭉 대해온 것인데, 병원에서 조금 고쳐서 보내면 엄마가 자신의 패턴을 바꾸지 못해 같은 문제가 반복되는 경우가 많아요.

대한민국 청소년 자살률이 높고, 초등학생 행복도도 다른 나라에 비해 현저히 낮은데요. 우리 아이들이 불행한 이유는 무엇이라고 보시나요?

아이들은 학교 가는 시간을 제외하면 재미있거나 심심하거나 자율적인 시간을 보내야 해요. 그러면서 스스로 생각하는 능력도 키우고, 쉬는 시간과 그렇지 않은 시간 사이의 균형을 맞추는 방법도 배우거든요. 그런데 다수의 보통 아이들이 학원 또는 숙제로 시간을 보내요. 아이들이 학교에 가는 시간은, 어른으로 치면 일일 노동시간이에요. 학교 수업이 정해진 노동시간이라면 학원을 가는 건 야근이죠. 학원 갔다 와서 숙제하는 건 밤샘 노동이고요. 쉬고 놀고 멍 때리고 심심하고 지루하고 이게 아이들의 삶이어야 해요. 그렇지 않으니까 우리 아이들이 불행하죠.

부모들이 유례없이 불안과 불행감에 시달리는 시대잖아요. 갈수록 심해지는데 그 이유는 무엇인가요?

옛날보다 먹고사는 게 훨씬 나아졌고, 물질적으로 풍족해졌다고들 해요. 먹고사는 게 더 힘들어지지 않았는데, 더 불안하고 불행한 이유는 성공에 대한 허상을 가지고 있기 때문이라고 봐요. 지금의 부모들보다 앞선 부모 세대들은 먹고살기 힘들어서 아이를 키울 때 방치하다시피 하면서 키우는 경우가 많았는데, 그러다 보니 지금의 부모들은 잘하면 칭찬받고 못하면 홀대당하듯 성장해왔어요. 지금 부모들은 '잘해야 된다'는 생각을 강하게 가지며 성장했어요. 그런데 잘하는 사람은 소수이다 보니, 억울하고 속상하고 자존감이 떨어지는 어른으로 성장한 거죠. 그러니 '성공해야 행복하다', '잘해야 한다'라는 강박이 강해져

"아이들이 학교에 가는 시간은, 어른으로 치면 일일 노동시간이에요. 학교수업이 정해진 노동시간이라면 학원을 가는 건 야근이죠. 쉬고 놀고 멍 때리고 심심하고 지루하고 이게 아이들의 삶이어야 해요."

서 불안한 거예요. 잘하지 않아도 되는 자유가 없어요. 다들 '먹고살고 싶다' 정도가 아니라 '성공해서 남부럽지 않게 살고 싶다'가 되니까 너무 불안해졌죠.

지금의 부모도 자녀가 잘하면 칭찬하고 못하면 홀대하는 거 같아요.

인정받지 못하고 홀대받으며 큰 아이들이 나중에 다시 피해의식이 많은 부모가 될 가능성이 높아요. 잘한 경우에는 더 잘해야 한다거나 그 정도는 유지해야 한다는 생각에 현 위치에서 떨어지는 것을 지나치게 두려워하면서 불안이 자꾸 대물림되지요.

'성공해야 행복하다', '공부를 잘해야 성공한다'는 강박 때문에 자녀 교육에 열을 올리는 것 같아요.

성공해야만 한다고 생각하시는데, 모든 사람이 다 성공할 수는 없거든요. 게다가 성공이라는 개념은 모호하고 주관적이잖아요. 그걸 알고, 받아들여야 해요. 엄마들은 자식을 붙들고 "공부를 열심히만 하면 잘하게 될 것"이라고 하는데, 그건 정말 사악한 말이에요. 학업 성취도는 50퍼센트 이상이 지능에 의해 영향을 받아요. 지능은 이미 태어날 때 결정되고요. 또 공부에는 자신의 생활과 삶을 관리하는 관리지능도 필요한데, 이 관리지능도 상당 부분 타고나요. 지능을 비롯해 여러 가지 요인들은 생물학적으로 결정되는 게 많거든요. 근데 부모들에게 '노력을 안 한 게 아니다'라고 하면 못 받아들이고, 자기 아이가 공부의 재능을 갖지 못했다는 걸 부정해요. 부정하는 사람에겐 아무리 진실을 들이대도 받아들여지지 않죠.

우리나라 부모들은 직업을 마음대로 고를 수 있는 것이 곧 평등이라고 생각해요. 우리나라에서 없애야 할 세 가지 말이 "열심히", "잘", "알아서"라고 저는 생각해요. 이 세 가지는 어디에 들이대도 약자를 기죽이는 말이거든요. 아이에 따라서 어떤 아이는 학습지능이 떨어지고, 어떤 아이는 관리지능이 떨어져요. 거기에 따라 아이를 덜 사랑하고 더 사랑하는 게 아니라, 아이의 역량과 재능에 맞춰서 부모가 품을 들이고 훈련을 시켜야 해요. 그게 부모의 역할이죠.

이제 한국은 '부모보다 자식이 더 못사는 시대에 들어갔다'고 하잖아요. 그러다 보니 자식의 미래가 불안해져서 부모들이 더욱더 교육에 열을 올리는 거 같습니다. 명문대 진학 외엔 자식의 미래를 보장해줄 게 없다고 보는 부모들의 이런 불안을 어떻게 해소할 수 있을까요?

부모세대보다 더 못사는 게 뭐 그렇게 큰 문제인가요? 부모세대보다 못산다고는 하지만, 자식들의 어린 시절은 부모들의 어린 시절보다 훨씬 나아요. 상대적인 박탈감이 더 심해졌다고 하면 그건 사실일 수 있지만 객관적 지표는 훨씬 나아진 게 사실이잖아요. 그리고 자식의 삶과 내 삶을 구별해야 해요. 내가 30평대 아파트에 산다고 해서 자식도 반드시 30평대 살아야 하나요? 또 부모들이 행복이라는 것의 기준을 아주 피상적으로 보고 있어요. 그 집이 어느 동네에 살고, 몇 평에 사는지, 그 집 아빠가 승진을 했는지, 그 집 자녀가 명문대에 갔는지 등이 행복의 기준이에요. 눈에 보이는 것으로 행복을 확인하려 하는 게 문제예요. 살면서 속상한 일이 있는 것은 당연한데 그것을 불행으로 치부하면 정말 불행해지죠.

자식이 성공하길 바라서 닦달하는 부모도 많지만, 성공보다는 낙오에 대한 불안 때문에 닦달하는 부모도 많거든요.

낙오에 대한 기준도 없어요. 우리나라에서 낙오의 기준은 보통 가족이나 친인척 안에 있어요. 그 안에 가장 잘하는 사람이 기준이에요. 그러니 늘 못할 수밖에 없죠. 전반적으로 부모들은 내 아이가 고통받을지 모른다는 두려움이 너무 커요. 그래서 엄마들이 아이들 같아요. 아이가 학교 가다 사고 날까 두렵고, 생선 먹으면 방사능에 노출될까 무섭고, 외출해서 미세먼지 마시는 것도 두렵고, 비 맞는 것도 두렵고, 아이가 놀다가 다칠까

봐 두렵고…. 너무 두려움이 많아요. 엄마들도 공부만 하고 커서 세상일을 어떻게 받아들일지, 갈등 상황을 어떻게 해결해야 하는지 훈련이 안 되어 있는 것 같아요. 사고와 판단이 성숙하지 못한 거죠. 성인이라면 자신이 가지고 있는 감정에 대해 검증을 하는 기능을 가져야 하는데, 그걸 못 하고 있어요.

요즘 부모들은 자녀가 낙오하는 것뿐만 아니라 고통이나 좌절을 겪는 것도 막기 위해 많이 노력하고 개입하는데요.

아이가 울고 삐치고 의기소침했다가 떼도 쓰고, 이게 좌절반응인데 우리나라 엄마들은 아이들이 좌절반응을 보이면 서둘러 개입해서 달래거나 아예 그런 일이 일어나지 않게 만들어요. 아이를 키울 때는 적정 용량의 좌절을 겪으며 성장하도록 해야 하거든요. 좌절이 없으면 좌절내구력을 키울 수 없고, 반대로 좌절이 너무 크면, 아이들이 정서적으로 문제가 돼요. 따라서 어린 시절 좌절은 너무 커서도 안 되고, 전혀 없어도 성장을 못해요. 요즘 부모들은 어린 시절 아이들에게 아이가 너무 힘들지 않을까 하고 좌절을 하나도 겪지 못하게 키워서 아이들이 전혀 내구력이 없게 자라나고 있어요. 그러면 아이들이 학교에 가서 '왕좌절'을 겪습니다. 적절한 좌절을 겪으며 자라면 점점 울음 시간이 짧아지면서 좌절내구력이 생기거든요. 처음엔 누가 툭 쳤을 때 "앙~" 하고 울다가 나중엔 누가 툭 치면 '왜 쳤지?' 하고 살펴보고 의도적인 폭력이 아니면 그냥 한번 쳐다보고 말게 되죠.

행복이 눈에 보이는 게 아니라면, 무엇이 행복의 조건인가요?

우리나라 사람들의 99퍼센트는 행복한 게 뭔지 몰라요. 보통 엄마들은 아이가 성적을 잘 받아오거나 뭔가 뛰어난 성취를 보이면 행복하죠. 엄마 스스로가 자신에게 온전히 집중하면서 행복할 줄 모른다는 거예요. 99퍼센트의 사람들이 자력으로 행복할 수 없다는 건 큰 문제예요. 남편이 돈을 많이 벌어 와서 행복하다거나, 아이가 뭔가 잘했을 때 행복하다는 건 내 행복을 타인에게 의존하는 거예요. 행복은 반드시 자력이어야 해요. 특히 가장 안 좋은 게, 아이에게 행복을 의존하는 거예요. 그건 엄마를 행복하게 해야 한다는 짐을 아이에게 지우는 겁니다. 그래서 아이들이 부모의 기대에 엄청 짓눌려서 너무나 힘들죠.

대한민국은 왜 유독 행복의 짐을 자식에게 지우는 걸까요?

크게 보면 가족문화에서 비롯된 거 같아요. 가족은 우리나라의 핵심구조인데, 우리나라는 나보다 가족에게 헌신하는 게 가치 있다고 여기잖아요. 부모는 자식을 위해 뭔가 하고, 자식은 부모를 위해 뭔가 하는 게 자연스럽고 그걸 미덕으로 생각하죠. 이것이 개인의 경계를 침범한다는 생각이 없어요. 헌신은 아름다운 것이고 자식이 부모의 헌신을 갚는 걸 아름답다고 해요. 하지만, 부모-자녀 간 경계가 분명해야 아이가 자율성을 갖고 성장할 수 있어요. 경계가 없으면 아이의 자율성과 독립성을 침해하거든요. 세월이 흐르면 가족주의가 약화될 줄 알았는데, 핵가족화되고 자녀가 줄어들면서 가족이 더욱 응집이 되어 '너의 행복=우리의 행복', '너의 성공=우리의 성공'이란 공식이 더 심화된 거 같아요. 이런 게 아이들에게 굉장히 부정적으로 작용해요. 부모가 "너를 위해 헌신하고 있다"라고 말하면, 아이들은 그걸 빚으로 받아들여요. 아이들이 사회에 나가기도 전에 부모에 대한 부채의식을 갖게 되죠. 부모가 자녀에게 쓸 수 있는 이상으로 돈을 쓰는 게 미덕이고, 자식이 공부 못하면 부모에게 죄짓는 사회는, 서로가 서로에게 짐을 지우는 구조예요.

부모가 자신의 삶과 자식의 삶을 어떻게 분리할 수 있을까요?
부모가 자력으로 만족감을 느껴야 하죠.

그럼 자녀들은 어떻게 부모와 자신을 분리할 수 있나요?
아이들은 그냥 내버려둬도 자력으로 만족하고 행복을 느끼는 존재예요. 아이들은 누가 강요하거나 괴롭히지만 않으면 자력으로 행복합니다.

웃음이 '빵' 터졌다. 정말로 아이들은 부모들이 괴롭히지만 않으면 행복한 존재들이었다. 그런데 많은 부모들이 아이가 잘할 때만 행복하다. 자식과 분리되어서 오롯이 자력으로 행복할 줄 아는 부모가 드물어 보였다. 선생님은 어떤 부모인지 궁금해졌다.

선생님은 자식의 삶과 자신의 삶을 완벽히 분리해 살고 계시는지요?

임신한 여고생이 나에게 온 적이 있었어요. 그러면 저는 '내 아이가 고등학교 때 임신을 하면 어떻게 해야 할까' 하고 생각해봐요. 모든 환자들의 상황을 내 입장에 대입해보죠. 그래야 내가 환자를 도와줄 수 있으니까요. 제 삶과 제 아이의 삶이 분리됐다기보다, 아이가 나이에 맞게 살아가는 거에 대해 별로 걱정하지 않아요. 어릴 땐 놀고 싶고, 조금 크면 이성 친구를 사귀고 싶어 하는 게 당연하거든요. 그리고 자녀의 미래에 대해서도 생계에 문제가 없으면 된다고 생각하기 때문에 크게 걱정하지 않아요. 내 아들이 배관공이 되고 싶어 했을 때나, 체리 피커(체리 따는 사람)가 되고 싶다고 했을 때나 다 그러라고 했어요. 그걸 하면서 아이가 만족스럽게 자신의 삶을 살면 된다고 생각하거든요. 고통이 있어도 그 아이의 몫이고, 내 삶의 고통을 지고 가는 게 삶이라고 생각해요.

한국은 소득격차와 직업에 대한 차별이 심하잖아요. 유럽에선 교수와 배관공이 이웃이고 친구처럼 지내지만, 한국은 그게 불가능하고 직업에 따른 멸시와 차별이 있어요. 그래서 부모들이 자녀의 미래에 대해 근심이 크고요.

그런 상황에서 부모가 자식에게 해줘야 할 것은 멸시받는 직업을 갖지 말라가 아니라 '멸시하는 사람이 나쁘다'는 판단을 할 수 있게 해줘야 하는 거죠. '네가 잘못한 게 없는데 저 사람이 너를 무시하면 저 사람이 잘못된 거다'라고 가르쳐야 해요. 부모가 그걸 삶으로 아이에게 보여줘야 하죠.

부모는 비록 불안하고 불행하더라도 자식을 행복하게 키울 수 있는 방법이 있나요?

절대 없어요. 부모가 행복하지 않으면 절대 자식에게 행복을 가르칠 수 없어요. 부모가 너무 불안한데, 자식에게는 불안해하지 말라는 건 하나도 안 통해요. 병원에 있으면, 아이들이 엄마의 스쳐 지나가는 표정에도 어떤 영향을 받는지 알 수 있거든요. 그런 아이들을 보면서, 저도 많이 고쳐졌고 지금의 제가 됐죠.

조선미

선생님의 표정은 웃고 있지만 말투는 단호했다. 조금의 흔들림도 없었다. 자신은 불안에 떨면서, 모든 걸 자식을 행복하게 키우고 싶어서라고 명분을 말하는 많은 엄마들의 모습이 떠올랐다. 나를 비롯한 많은 엄마들이 '삽질'만 하고 있는 셈이었다.

선생님께서 만약 이 일을 하지 않았다면 다른 스타일의 부모가 되셨을까요?

네! 나의 가장 큰 스승은 이곳에 오는 아이들이었어요.

"지금은 고생스럽더라도 참고 공부해야 성공하고 행복해진다", "공부 못하면 미래가 없다"라며 아이를 다그치는 부모들의 행태가 아이들의 정서와 행복에 어떤 영향을 끼칠까요?

사람들이 평생 갖고 가는 기본 틀, 건물로 치면 바탕이 있어요. 그게 부모하고 주고받은 상호작용이죠. 태어나서부터 10년 사이에 부모와 어떤 방식으로 상호작용을 했느냐가 틀로 만들어져요. 이 틀이 평생 다른 사람하고의 관계에서도 반복돼요. 예를 들어, 잘못했을 때 엄마가 늘 "괜찮다"고 말해준 사람은 직장에서도 상사가 "이게 뭐야?"라고 해도 얼어붙지 않는데, 부모에게 많이 혼난 사람은 직장에서도 상사의 질문에 확 얼어버리죠. 제가 말하는 자존감이란 이런 거예요. 부모가 아이에게 "왜 이렇게 했어!"라며 자식을 불안하게 만들면, 아이는 자라서 상사에게도 그렇게 느끼는 겁니다. 즉, 자존감이란 내가 뭔가를 하거나 뭔가를 드러냈을 때, 상대가 어떤 식으로 반응하는가에 따라 정해져요. 그래서 부모가 내 모습을 어떻게 비추어주었냐에 달려 있죠. 어린 시절 부모와의 상호작용은 평생 반복돼요. 그래서 엄마들이 상식이라고 말하는 "지금 고생해서 나중에 잘 살자"는 사실 거꾸로예요. 어려서 10년을 편안하게 살면, 나중에 어떤 사람을 만나고 어떤 일을 하든지 간에 상황을 편안하게 받아들여요. 그런데 집에서 늘 부모로부터 "지금 열심히 안 하면 나중에 고생한다"고 협박을 당하면, 나중에 커서 세상이 무섭고 불안하고 사람들이 우호적이지 않고 적대적으로 느껴지죠.

그럼 어떻게 하면 부모 자신이 행복해질 수 있을까요?

긍정심리학에서 행복이란, 내가 많은 시간을 기분 좋게 지내고, 그 기분 좋을 때 하는 것들이 대다수 나에게 의미가 있다고 느끼는 거예요. 그런데 우리나라 부모들은 아이가 의대에 합격했을 때, 고시에 합격해 판·검사가 됐을 때를 행복한 순간으로 꼽아요. 그런 걸 일생에 몇 번이나 겪을 수 있겠어요? 그걸 행복이라고 치면, 우리는 평생 불행하기로 결심한 거예요. 거기에 행복의 기준을 두면, 평생 대부분의 시간을 지루하고 권태

롭고 의미 없게 지내게 돼요. 행복은 근육과 같다고 봐요. 운동을 할 때 처음엔 잘 못하지만, 반복적인 훈련을 통해 근육이 생기면 운동을 잘 하게 되잖아요. 우리는 구체적인 행복의 그림을 본 적이 없어요. 우리는 어떤 상태가 행복한 건지에 대해 잘 몰라요. 의식적으로 노력해서 조금씩 조금씩 근육을 만들어야 해요.

저 같은 경우 날씨가 좋으면 좋아서 행복하고, 5년 전에 산 자동차이지만, 마음에 드는 걸 선택해서 샀기 때문에 이 자동차를 탈 때마다 너무나 행복해요. 내가 일상을 의식하지 않으면 근육이 생기지 않아요. 커피를 '즐기며' 먹어야 커피 한 잔으로 행복을 느낄 수 있어요. 의식하면서 연습하지 않으면, 행복해지기 어려워요. 회사생활에 시달리는 사람이 정년퇴직하면 행복할 거 같지만, 정년퇴직하고 바로 그날부터 행복해지지 않아요. 쉬어지지도 않고, 여행도 재미가 없어요. 평소에 행복의 근육을 만들어놓지 않으면 갑자기 행복해질 수 없는 거예요.

선생님의 행복의 그림은 무엇인가요?

수시로 웃는 거예요.

"우리나라 부모들은 아이가 의대에 합격했을 때, 고시에 합격해 판·검사가 됐을 때를 행복한 순간으로 꼽아요. 그런 걸 일생에 몇 번이나 겪을 수 있겠어요? 그걸 행복이라고 치면, 우리는 평생 불행하기로 결심한 거예요."

그럼 아이들을 어떻게 해야 행복하게 키울 수 있을까요?

우선 부모가 자기 불안을 다스리고 성장해야 해요. 아이들의 좌절내구력을 위해서 엄마가 꾹 참아야 할 것들이 있어요. 아이를 데려다주고 싶어도 꾹 참고, 장난감을 사주고 싶어도 꾹 참아야 해요. 그래야 아이들이 자신의 선택에 책임을 지게 돼요. 이를 위해선 엄마가 자기 불안을 다스리는 게 우선이죠. 그리고 부모가 매일매일 행복감을 느껴야 그걸 아이에게 가르칠 수 있는데, 부모가 그러질 않으니 아이에게 행복을 가르칠 수가 없어요. 저는 부모들에게 아이들과 깔깔대고 웃는 시간을 많이 가지라고 추천해요. 그런데 내가 세상이 너무 무서우면 아이들과 깔깔대고 웃을 수가 없잖아요. 아이가 학교에서 돌아오면 엄마가 학교에서 공부는 열심히 했는지 집에 와서도 계속 공부를 하는지 긴장된 눈빛으로 쳐다보니까, 아이는 나중에 자라서 회사에 취직해서도 상사가 자기를 감시하는 기분만을 느끼는 겁니다.

조선미 선생님에게 여러 가지 질문을 던졌는데, 답은 하나였다. 부모가 행복해야 한다는 것이다. 아이에게 자신을 행복하게 만드는 짐을 지우지 말고 스스로 행복해야 자녀도 행복하게 키울 수 있다는 것이다. 의대에 합격했을 때, 고시에 합격해 판·검사가 됐을 때만을 행복한 순간으로 여긴다면 우리는 평생 불행하기로 결심한 것이라는 대답을 들었다. 지금 고생하면 나중에 잘 살게 되는 게 아니라, 지금 행복해야 나중에 고통을 감내할 바탕이 마련된다는 것이다. '고생 끝에 낙'이 아니라 어쩌면 '고생 끝에 병'이 올지도 모른다는 말이다. 그 소중한 말들이 한 곳을 가리키고 있었다.

이승욱
×
이인수
×
문요한
×
조수경

3

나 자신과의 관계를 들여다보세요

정신분석은 어떻게 상처를 치유하는가

'심리학의 대중화'에 앞장선 정신분석학자

이승욱 ─── 정신분석가

그가 정신분석가가 되기까지의 이력은 평범하지 않다. 대학교를 졸업하고 7년간 교사로 일하다 서른이 넘어 뉴질랜드로 유학을 떠났다. 정신분석과 철학을 공부하고 뉴질랜드 국립정신병원에서 심리치료사로 10년 가까이 일하며 심리치료(정신분석) 전공으로 박사학위를 받았다. 아프리카 난민, 프랑스 백인, 이라크 망명자, 뉴요커, 스패니시와 히스패닉 등 50여 인종이 넘는 사람들을 분석하고 치유하다. "시작한 곳에서 끝을 맺기 위해" 12년 만에 귀국한 뒤 '하자작업장학교'의 교감을 맡았다. 스스로를 지킬 힘이 없는 사회적 약자들과 연대하는 것과 다음 세대가 건강하게 잘 성장하도록 기여하는 일에 관심이 많다. 심리 인문 전문 서점을 열어 독자들과 소통하고 마음 관련 세미나를 운영하기도 했으며, 심리학을 공공재로 사용하기 위한 '이승욱의 공공상담소'라는 팟캐스트를 6년간 진행해왔다. 예리한 통찰력과 뛰어난 문장력으로 10여 권의 책을 썼는데, 그중 정신분석 현장을 리얼하게 공개하는 《상처 떠나보내기》는 5명 내담자의 실제 사례를 바탕으로 분석 세션(회기)마다 내담자와 분석가가 나눈 대화와 분석가의 일기까지 공개할 뿐 아니라, 내담자와 분석가의 무의식이 서로 어떻게 역동하는지도 보여주는 역작이다. 이 책은, 숱한 저항 끝에 내담자와 분석가가 치료동맹을 맺고 내담자가 자신의 언어로 자신의 삶을 재조직하게 만듦으로써 상처와 이별하게 되는 과정을 깊이 있게 그려낸다. 인터뷰 때 그에게 물었다. "이렇게 정신분석업계(?)의 영업 비밀을 다 공개해도 괜찮으신 거예요?" 그는 답했다. "하하, 그게 뭐 지식인의 의무이자 역할이죠."

정신분석가 이승욱

뉴질랜드에서 정신분석과 철학을 공부하고, 뉴질랜드 정신병전문치료센터에서 분석가이자 심리치료실장으로 일한 뒤 지금은 '닛부타의 숲 정신분석클리닉'을 운영하고 있다. 저서로는 《상처 떠나보내기》 《소년》, 공저로는 《대한민국 부모》 등이 있다.

"행복한 가정은 서로 비슷하지만, 불행한 가정은 모두 저마다의 이유로 불행하다." 톨스토이의 책 《안나 카레니나Anna Karenina》의 첫 구절이다. 대문호의 통찰처럼 인간이 불행한 이유는 만 가지다. 제각기 다른 불행과 고통의 사연에 상담가들은 어떻게 공감하고 이해하며 결국엔 치유할 수 있을까? 특히 다양한 상담의 종류 중에서 정신분석이 다른 상담과 갖는 차이는 무엇이며, 정신분석이 내담자를 치유하는 원리는 무엇일까? 저서와 팟캐스트 등을 통해 일반인들에게 정신분석을 가장 대중적으로 소개해온 이승욱 선생님을 찾아갔다.

상담하러 오는 분들은 대체로 어떤 고민을 가지고 있나요?

상담을 하러 오는 사람들의 고민은 현상적으로는 대개 다양하죠. 하지만 그 고민의 층위를 하나씩 하나씩 벗겨내면 결국은 자기 문제입니다. 남편과 아내의 불화도 곰곰이 들여다보면, 내 안의 어떤 것이 해결이 되지 않았기 때문이고 직장동료, 친구, 연인 관계에서의 반복된 좌절도 마찬가지입니다. '우리 남편을 바꿔 달라', '내 자식 좀 바꿔 달라'며 남의 문제로 상담실을 찾은 사람도 상담을 하다 보면 자기 문제를 만나게 됩니다. 모든 사람들이 "고통이 외부로부터 왔다"고 이야기를 시작하지만, 계속 진행하다 보면, 자기 안에서 어떤 것들이 자꾸 발견되는 것이죠. 그리고 이 자기 문제가 가장 많이 연관되어 있는 부분은 생애 초기에 부모와 맺었던 관계입니다. 나와 부모의 초기

관계와 그 속에서 납득이 안 되는 경험들이 내 마음 안에서 어떻게 작동했는지를 찾아나가다 보면, 문제가 밝혀지게 됩니다.

많은 사람들이 심리적 고통에 시달리지만, 막상 상담실 문을 두드리기까지는 굉장히 망설이는데요. 그 이유는 뭘까요?

상담을 망설이는 분들의 이유는 다양합니다. 비용이 비싸다, 시간이 없다, 주변의 친구들이 "왜 그런 걸 받냐"며 반대하는 등의 이유가 있습니다. 하지만 그 무엇보다도 상담을 망설이는 가장 큰 이유는 '자기를 만날까 봐'입니다. 자기의 추하고, 혐오스럽고, 형편없고, 초라한 모습을 발견하게 될까 봐 두려워서입니다. 그게 내담자가 분석과 상담을 하는 과정에서도 가장 많이 호소하는 고통이자 두려움이기도 합니다. 상담실 문을 두드리기 전에 명확하게 알진 못하더라도 왠지 그럴 거 같은 막연한 느낌이 드는 거죠.

이승욱

그런 무의식적인 두려움과 저항에도 불구하고 상담실 문을 두드리는 사람들은 어떤 사람들인가요?

그 두려움보다 고통이 더 클 때 옵니다. 하지만 제가 아는 한, 대부분의 내담자들이 정말로 자기 문제를 해결하기 위해 오는 경우는 없습니다. 제 책《상처 떠나보내기》에서도 말했듯이, 자기 문제를 유지하기 위해서 옵니다. 예를 들어, 연애를 계속 실패한 사람이 되돌아보니 매번의 연애가 비슷한 패턴으로 깨졌다는 걸 알고, 책도 읽고 강의도 듣고 주변 사람들을 붙들고 하소연을 해봐도 해결이 안 될 때, 더 이상 고통을 나눌 대상이 없을 때 상담실을 찾아옵니다. 주변에서 자기 고통을 재생, 반복할 대상이 사라지니 돈을 내고 합법적으로 할 수 있는 대상을 찾기 위해서 오는 거죠. 하지만 그걸 비난할 순 없습니다. 상담실에서 그 문제가 재생되고 반복되어야만 상담가는 내담자의 문제가 무슨 내용이고 어떤 구조를 띠고 있으며, 어디서 비롯됐고 이것이 어떤 현상을 만들어내고, 이걸 통해 어떤 쾌락을 느끼는지 알 수 있기 때문입니다.

그런데, 상담실 안에서 내담자의 문제가 재생되지 않는 사람도 있나요?
안 되는 환자를 본 적은 없습니다. 재생이 안 되는 게 아니라, 다만 분석가가 그걸 느끼지 못할 뿐이라고 생각합니다. 재생은 어떤 식으로든 됩니다. 굉장히 나이스한 내담자들이 있어요. 상담가에게 매우 협조적이고, 묻는 질문에 온갖 이야기를 다 하는 내담자들에 대해 분석가가 "이 사람은 분석이 잘 된다. 너무 잘 맞다"고 느낄 수도 있는데 이것도 함정이죠. 이 내담자는 타인에게 맞춰주기 위해 노력하느라 자기 에너지를 다 쓰는 사람입니다. '자발적 착취구조'로 들어가는 걸 두려워하지 않는 사람인 거죠. 그래서 이런 내담자가 어느 순간 상담이 너무 힘들고 지치고 괴롭다고 말하면, 상담가는 깜짝 놀랍니다. "잘 해 왔는데 왜 그러지?" 분석가는 분석 과정에서 발생하는 모든 현상을 '전이(transference: 어린 시절 중요한 관계에서 경험했던 느낌, 사고, 행동 유형이 현재 맺고 있는 다른 사람들과의 관계로 전치되는 현상)'로 생각해야 되는데, 그걸 못 한 것입니다.

일반 심리상담과 정신분석의 차이는 무엇인가요?

상담과 분석은 큰 차이가 있습니다. 프로이트는 '전이'를 다룬다면 그걸 무엇이라 부르든 모두가 분석이라고 말했습니다. 우리가 흔히 알고 있는 심리상담은 문제 해결 중심적이고, 고통 경감 중심적이고, 갈등 해소 중심적입니다. 그런데 정신분석은 여기에 크게 관심이 없습니다. 왜냐하면, 갈등이 있어야 계속 분석이 계속 나오기 때문입니다. 갈등이 사라지면 분석이 안 나옵니다. 비유적으로 말하자면 천장의 한 부분에서 비가 샌다고 해서 바로 그 부분에만 구멍이 난 게 아니잖아요. 지붕의 저 멀리에서 구멍이 나서 그걸 통해 비가 흘러들어와 천장에서 새는 것이죠. 상담은 구멍이 난 천장의 부분을 막거나 지붕에 비닐을 씌워서 일단 천장에서 비가 새지 않게 하는 겁니다. 분석은 지붕을 다 해체하는 것이죠. 즉, 구조를 다 해체해서 구조를 바꾸거나 다시 짜 맞추는 것입니다. 구조를 다 맞추면 비가 안 새는 건 당연합니다. 정신분석에서 갈등이 사라지거나 고통이 경감되는 건, 일종의 '부산물'이라고 생각합니다.

그렇다면, 정신분석의 목적은 무엇인가요?

정신분석의 목적은 단 하나입니다. '자기'라는 텍스트를 연구하는 작업. 자기 자신에 대한 연구자가 되는 거죠. 그래서 완벽하게는 아니어도 최소한 내가 나와 협력할 수 있고, 내가 나와 친해지는 것입니다. 사실 우리는 자기 자신과 친하지 않아요. 자신을 불쌍하게 여기거나, 자신에게 분노하고 있거나, 자기 자신을 초라하게 여기거나, 자신을 형편없게 여기거나 또는 자신을 너무 과신하는데, 이건 친한 것과 아무 상관이 없습니다. 우리는 사실 자기 자신에게 관심이 없습니다. 사람들이 나를 어떻게 보는지에만 관심이 있죠. 타인의 눈에 비친 내가 어떤 사람인지에만 관심이 있어요. 그건 타인에게 관심이 있는 거지, 나에게 관심이 있는 게 아니거든요. 정신분석은 결국 많은 관심과 집중과 에너지를 자기에게 돌리는 작업입니다. 고통스럽고 힘들죠. 하지만 어떤 시점이 지나면, 자기가 자기 존재를 수용하게 됩니다. 자기가 자기 존재를 인정하고 받아들이는 지경에 이르게 되죠.

상담이나 정신분석이 결과적으론 똑같이 물이 새는 지붕의 문제를 해결하지만, 그 과정과 목표는 '하늘과 땅' 차이였다. 상담이 물이 새는 걸 막는 게 목표라면, 분석은 지붕을 다 해체해 구조를 살펴보는 게 목표다. 구조를 분석하다 보면 당연히 어디서 물이 새는지 알게 될 터, 이것은 부수적인 수익일 뿐 궁극적인 목표는 전체 구조를 파악하는 것이다. 정신분석이 상담에 비해 상당히 긴 시간을 필요로 하는 이유를 알 수 있었다.

자기 존재를 인정하고 받아들이는 경지에 다다르면 고통이 사라지나요?

인간의 삶에서 어떻게 고통이나 갈등을 사라지게 할 수 있겠습니까? 부처는 스스로 깨달은 존재이지만 과연 갈등이 없었을까요? 수많은 갈등이 있었겠죠. 각자가 분석을 거치고 어느 순간이 되면 내가 이 고통을 지속할 것인가, 말 것인가를 선택할 수 있게 되고 내가 이 갈등을 수용할 것인가, 말 것인가를 선택할 수 있는 지경이 됩니다. 어떤 결정이든 결정하는 인간이 주체적인 인간입니다. 결정되거나, 결정당하는 게 아닙니다. 결정하는 힘이 생기지요. 주체는 결정을 통해 형성되는 것입니다. 에리히 프롬Erich Pinchas Fromm과 많은 분석가, 철학자 들이 이야기하는 건데, 선택하는 순간이 바로 주체가 되는 순간입니다.

이승욱

상담이 두려운 이유가 자신의 민낯을 만나게 될까 봐인데, 분석을 통해 자기 자신의 민낯을 알게 되면 어떻게 자기 자신과 친해질 수가 있나요? 더 자신으로부터 도망가고 싶지 않을까요?

인간을 살게 하고, 생각하게 하고, 판단하게 하고, 행위하게 하는 만드는 중요한 요소가 신념입니다. 정치적, 종교적 신념도 있지만, 그것보다 더 근본적인 신념으로 바로 자기 자신에 대한 신념이 있습니다. 즉, 자기 자신에 대한 '나는 이러이러한 사람'이라는 믿음이 있죠. 그러나 '난 이걸 못해', '나는 이걸 좋아하지 않아'라고 생각했는데, 어느 날 우연찮게 해보고 '내가 이걸 좋아하네', '내가 이걸 할 수 있네'라고 알게 된 경험이 누구나 한두 번은 있을 겁니다. 그래서 저는 '신념'이라는 말을 '망상'으로 바꾸고 싶습니다. 분석을 하다 보면 자기 자신이 못나고, 초라하고, 형편없고, 수치스러운 인간이라고 믿고 살았던 신념들이 모두 사실이 아니라는 걸 알게 되죠. 그게 다 망상이었다는 걸 알게 됩니다.

그럼 정신분석을 통해 발견하는 민낯이라는 것도, 민낯이라고 믿었던 게 망상이었음을 발견하게 되는 과정이고 그래서 자신과 친해질 수 있다는 건가요?

그렇죠. 새롭게 자기를 선택할 수 있습니다. 어떤 사람은 자신

"분석을 하다 보면 자기 자신이 못나고, 초라하고, 형편없고, 수치스러운 인간이라고 믿고 살았던 신념들이 모두 사실이 아니라는 걸 알게 되죠. 그게 다 망상이었다는 걸 알게 됩니다."

을 '게으른 인간'이라고 생각해서 그러지 않기 위해 너무나 열심히 근면성실하게 살아왔는데, 어느 순간 너무 무기력해지고 에너지가 다 소진된 느낌이 들어서 상담실에 찾아왔습니다. 상담을 하다 보면, 그 사람에게 가장 두려운 말이 "게으른 년"이라는 비난이었고 그 비난은 엄마의 목소리였죠. 그 엄마의 목소리가 나에겐 신념이 된 것입니다. 어떤 사람에겐 아버지가 어린 시절 지나가면서 툭 던진 "너는 머리가 별로 안 좋구나", "형은 똑똑한데 너는 공부로는 글렀다"는 그 말 한마디가 인생을 결정하게 됩니다. '나는 공부는 글렀구나'라고 생각하게 되는데 이게 망상입니다. 이런 사람들에게 아이큐 테스트를 해보면 아이큐가 높게 나오는 경우가 많습니다.

인간의 고통은 대체로 관계에서 발생하는 것 같은데 그 이유는 무엇인가요?

자기 자신 때문입니다. 관계도 내가 만드는 거거든요. 보통 실존주의 심리학에서는 우리의 세계를 세 가지로 분류합니다. '환경 세계', '대인관계 세계', '관계 내^內 세계'가 있습니다. 환경 세계는, 나를 제외한 모든 사물과 자연, 그리고 환경과 조건을 얘기합니다. 대인관계 세계는 사람과 사람의 관계입니다. 가장 핵심적인 '관계 내 세계'는 자기 안의 세계입니다. 내가 결심하면 관계가 발현되는 거지요.

예를 들어서, 두 사람이 함께 해외여행을 갔다고 합시다. A라는 사람은 굉장히 즉흥적이고 임기응변이 뛰어나고 순발력이 있고 유연합니다. B라는 사람은 모든 것을 계획한 대로 꼼꼼하게 해야 하는 친구예요. A가 "오늘 여기 너무 좋으니까 하룻밤 더 자고 가자"라고 하자 B는 "무슨 소리냐? 오늘은 계획대로 피렌체로 넘어가야지!"라고 합니다. A는 "여기 레스토랑이 너무 좋다. 오늘 저녁 밥값도 여기에 몰아서 근사하게 점심을 먹고 저녁은 샌드위치로 때우자"라고 하는데, B는 "무슨 소리냐? 점심에 10달러 쓰기로 했으면 10달러만 써야지"라고 반발합니다. 이것이 계속되면, 이 둘은 인천공항에 떨어지면서 철천지원수가 되겠죠. 둘 다 각자 개성대로 사는데, 왜 관계는 깨어질까요? 둘 다 잘못한 게 없어요. A는 "여기가 좋으면 하룻밤 더 잘 수도 있지. 여행인데"라고 해명할 것이고, B는 "사람이 계획을 세웠으면 지켜야지. 안 지킬 거면 계획은 왜 세우냐"라고 반박할 겁니다. 각자 다 맞는 말이죠. 그런데 왜 관계는 갈등이 생기는 것일까요? A의 내적 세계에는 계획성과 치밀함, 꼼꼼함이라는 특성이 덜 계발되어 있습니다. B에겐 즉시성과 유연성, 임기응변이라는 특성이 덜 계발된 것이고요. 즉, A라는 친구는 계획성과 치밀함이라는 특성을 자기 안에서 배제시켰고, B라는 친

이승욱

구는 즉시성과 유연성이라는 특성을 자기 안에서 배제시켰습니다. A는 B라는 사람의 특성을 이미 자기 안에서 배제시켰기 때문에 B라는 특성을 가진 사람을 배제시키는 것입니다. B는 A라는 사람이 가진 특성을 자기 안에서 배제시켰기 때문에 A라는 사람을 배제시키는 겁니다. 그래서 갈등이 발생하는 거죠.

그럼 인간이 가지고 있는 다양한 특성들을 자기 안에서 배제시키지 않고 다 인정하고 수용한다면, 관계에서도 문제가 없나요?

그렇습니다. 부처가 그렇고, 예수가 그런 사람이죠. 그들은 인간이 발현시킬 수 있는 내적인 모든 특성을 충분히 다 발현시킨 사람들이기 때문에 어떤 인간이 와도 배제시키지 않고 다 품고 수용할 수 있었던 겁니다. 그래서 엄밀하게 말하면, 관계의 고통은 실은 내부의 배제, 내적인 소외인 것입니다. 그래서 내가 계속 싫어하고 나와의 관계에서 계속 실패하는 사람이 있다면, 사실은 그 관계를 통해서 나를 이해할 수 있는 좋은 기회가 생기는 것입니다. 고통스럽겠지만 말이죠. 상담가들 사이에선 "결혼한 그 이유 때문에 이혼한다"는 말이 있습니다. "왜 결혼하셨어요?"라고 물어보면, "남편이 너무 착하고 호인이어서 결혼했어요"라고 답합니다. "그런데 결혼해보니 너무 호인이라 남들에게 다 퍼주고 늘 친구들과 술 마시고 늦게 들어와서 못

살겠다"라고 말하죠. 상대의 어떤 것이 좋아서 결혼했다는 건, 그것이 나에게 결핍되어 있기 때문입니다. 내가 그게 필요하기 때문이죠. 사람들의 연애사를 보면, 그때그때 자신이 결핍된 것을 채워주는 사람과 연애를 합니다. 그때그때 자신의 결핍이 자기를 결정하고, 관계도 결정하고, 직업도 결정하는 것이죠.

결핍된 그것이 상대에 있어서 결혼했는데, 왜 그 이유로 이혼을 하게 될까요?

결핍이 안 채워지기 때문입니다. 타인이 자신의 결핍을 채워줄 순 없습니다. 그게 자신의 결핍이라고 인지하고 스스로 자가충족해야지, 어떻게 타인이 그걸 충족시켜줄 수 있나요? 관계라는 건 자신이 투영된 것입니다. 관계를 보면 자신이 무엇을 소망하고, 선망하고, 욕망하는지를 알 수 있죠. '내가 지금 저 사람을 필요로 한다'라는 자각을 통해 내가 지금 무엇을 원하는지 알 수 있습니다. 상대에게서 자신이 원하는 특성을 배워서 그걸 내 것으로 만들 수 있죠. 예를 들어, 상대의 지적인 면에 반해서 "당신은 너무 똑똑해", "당신은 너무 지적이야"라고 찬탄만 하게 되면 나중에 상대에게 "잘난 척하고 자빠졌네", "너는 왜 항상 나를 가르치려고만 드냐" 하면서 관계를 깨게 됩니다. 하지만 상대의 지적인 면을 보고 배웠다면 달라지겠죠.

이승욱

앞서 만난 조선미 선생님은 부모가 자력으로 행복할 줄 알아야지 자식을 통해 행복하려 들면 부모, 자식 모두 불행해진다고 말했다. 김용태 선생님은 배우자와의 갈등 지점을 성장의 주제로 받아들여 각자 성장이 있어야 행복한 부부생활을 할 수 있다고 말했다. 이승욱 선생님 역시 자신의 성장 없이 타인을 통해 자신의 결핍을 채우려고 할 때 관계가 깨어진다고 말했다. 세 분의 인터뷰 내용이 모두 만나는 지점이다. 다시 정신분석의 목적인 '자기 자신과 친해지기'에 대해 더 궁금해졌다.

자기 자신과 친해지면 마음이 좀 더 평화롭고 관계도 좀 더 편해지게 되나요?

불안의 성격이 달라집니다. 예전의 불안이 '그(녀)가 나를 사랑하지 않으면 어떡하나?'였다면, 이후의 불안은 '내가 그(녀)를 진심으로 사랑하지 못하면 어떡하나'로 바뀔 수 있습니다. 그래서 타인으로 인한 영향을 덜 받는 것 같습니다. 문제를 받아들이고 해결하는 깊이도, 속도도 빨라지죠.

자기 자신과 친해지면 그 변화가 불행을 행복으로 바꿀 수 있나요?

불행은 불행으로, 행복은 행복으로 받아들이게 됩니다. 사실은 그냥 하나의 사건으로 받아들일 수 있게 됩니다.

주변에 정신분석이나 상담을 받고도 마음의 문제가 해결되지 않았다고

하는 사람들도 있습니다. 분석이나 상담이 도움이 되지 않은 사람들은 왜 그런가요?

상담가 때문입니다. 내담자 탓이 아닙니다. 그러나 정말 안 되는 내담자들도 가끔 있습니다. 상담가를 착취하려 하거나, 병리적인 상태에 있거나, 태어날 때부터 뇌병변계에 이상이 있어서 심리적 문제가 발생한 경우엔 심리적 처치가 불가능합니다. 또는 가정폭력, 성폭력 등으로 인해 심리적 내상을 너무 깊게 입은 데다 이것이 오래 지속되어, 깊이 만성이 된 경우도 어렵습니다. 우울증을 20년 정도 앓은 사람의 경우, 고착화된 케이스이기 때문에 호전은 어렵고 약과 병행하면서 더 상태가 나빠지지 않도록 관리하는 정도에서 만족해야 하죠. 그런 경우를 제외하고는 상담가 때문입니다.

앞서 말씀했다시피, 상담을 하러 가면 자기를 발견하고 마주할 것에 대한 두려움 때문에 망설이는 저항이 있고, 상담하는 중에도 변화에 대한 저항이 있습니다. 그 저항 때문에 상담이 도움이 안 되는 건 아닐까요?

분석가들 사이에선 이런 말이 있습니다. "분석 관계에서 유일한 저항은 분석가 자신의 저항밖에 없다." 내담자가 변화를 경험하지 못했다면 상담가가 변화하지 않는 사람이었던 거죠. 어떤 병을 가지고 병원에 갔을 때, 어떤 처치만 하면 나을 수 있는

이승욱

데도 불구하고 의사가 그 처치를 못했다면, 의사가 그 병에 대해서 정확하게 들여다보려고 노력하지 않은 겁니다. 상담의 경우도, 상담가가 그만큼 고민하지 않은 것이고요.

선생님은 저서 《상처 떠나보내기》에서 '인간의 고통은 결국 몇 안 되는 본질적인 근원에 하나의 뿌리를 두고 있는 것 같다'고 언급했는데, 이 몇 안 되는 본질적인 근원은 무엇인가요?

일단, 탄생이죠. 탄생 자체가 고통입니다. 인간의 존재가 발생하고 죽을 때까지 가장 안전하고 안정돼 있고 편안했던 시간이 엄마 배 속입니다. 숨을 안 쉬어도 되고, 씹지 않아도 되고, 소화시키지 않아도 되고, 모든 빛으로부터 차단돼 있고, 굉장히 부드럽고 따뜻한 점액질의 상태에서 몸을 맘대로 움직일 수 있죠. 10개월쯤 돼서 스스로 움직여서 좁은 산도를 통해 나온 그 세상은 아이에게 죽음과 같은 고통일 수 있습니다. 빛이 쏟아지고, 시끄러운 소리가 들리고, 처음으로 폐호흡을 해야 되고, 탯줄이 잘리고, 느닷없이 자기 몸이 어떤 사람에 의해 거꾸로 들려져 때림을 당하죠. 자신이 지금까지 느꼈던 것과 너무나 다른 감각을 느껴야 하고, 자신의 몸이 자신의 의지와 상관없이 여기저기 이동됩니다. 그것이 죽음과 같은 감각적 고통을 줄 것입니다. 그래서 우리 삶에서 사실 탄생이 트라우마입니다.

그게 우리 안에 저장돼 있습니다. 우리가 새로운 곳으로 가는 걸 두려워하는 건 이 같은 트라우마 때문이고, 죽음을 두려워하는 것도 탄생 때문일 수 있습니다. 죽음 뒤에 뭐가 있는지 모르는데 새로운 곳이니까 탄생처럼 두려운 거죠.

그다음으로 인간의 근원적 고통은 나 자신보다 타인이 존재론적으로 먼저 탄생했다는 것입니다. 인간이 목적지향적으로 호명하는 첫 번째 대상이 엄마입니다. 왜 내가 아닐까요? 평생 우리는 '나'를 끊임없이 되뇌며 사는데, 왜 처음으로 호명하는 대상은 타자일까요? 아이에겐 나와 타자의 구분이 없어요. 그래서 나에게 가장 많이 얼굴을 들이미는 존재가 '나'인 것입니다. 그래서 타자를 통하지 않고선 나는 발생하지 않습니다. 그래서 평생 우리는 타자가 나를 어떻게 볼지를 신경 쓰며 살 수밖에 없습니다. 그게 본질적인 고통입니다. 그건 누구도 자유로울 수 없는 고통이죠. 타인이 나를 어떻게 볼까, 타인이 나를 인정해주느냐 인정해주지 않느냐로부터 자유로울 수가 없습니다.

그럼 인정욕구라는 건, 인간의 타고난 욕구일 수밖에 없겠네요. 그런데 왜 어떤 사람은 인정욕구로부터 자유롭게 살고, 어떤 사람은 인정욕구의 화신으로 사는 건가요?

어린 시절에 엄마가 자신을 어떤 표정으로 바라보는지가 인정

이승욱

욕구에 영향을 미칩니다. 아이는 엄마의 표정을 보면서 "엄마가 우울하구나, 엄마가 화가 났구나"라고 납득하는 게 아니라, 그 표정을 보고 그게 "나구나"라고 생각합니다. 엄마의 표정으로부터 자신의 존재를 찾으니 타자를 통하지 않고선 자신을 확인할 방법이 없는 거죠. 우리에게 그 메커니즘은 평생 살아 있습니다.

많은 심리 책들을 보면, 현재 겪고 있는 많은 고통은 양육환경, 즉 부모와의 관계에서 비롯되는 것 같습니다. 성인이 된 지금 자신의 어린 시절이나 과거의 양육방식을 바꿀 수 없는데, 어떻게 하면 과거로부터 빚어진 자신의 마음을 바꿀 수 있을까요?

앞서 말한 것처럼, 만약 "쓸모없는 딸"이라는 부모의 비난의 말에 사로잡히면 평생 쓸모없는 딸로 살아가야 합니다. 하지만 왜 그 말에 따라서 살아가나요? 쓸모없는 딸은 부모가 얘기한 겁니다. 신념이라고 불리는 망상인 거죠. 신념을 알아내는 과정도 거쳐야 되고, 신념이 망상이었다는 걸 통렬히 깨닫는 과정도 거쳐야 합니다. 그러고 나면, 외로운 나라는 존재가 탄생합니다. 누군가가 부여한 내가 아니라, 선택할 수 있는 내가 드러나죠. 그때부터 자기가 뭐든지 선택할 수 있습니다.

외롭지만 자유로운 나, 망상으로부터 구속당하지 않고, 왜곡된 자아상으로 압박당하지 않는, 내가 되고 싶은 나, 새로운 자아가 탄생하면 삶의 고통도 상당히 줄어들 것 같았다. 정신분석가는 그럼 고통이 없을까? 고통이 있다면 어떻게 해결할까? 묻지 않을 수 없었다.

정신분석학자인 선생님께서는 고통을 겪을 때 어떻게 해결하나요?

저는 아마 고통을 일반인보다 더 많이 겪을 겁니다. 하하. 고통도 더 많이 겪고, 기쁨도 더 많이 겪습니다. 제가 이해하는 부처는 고통이나 갈등을 겪지 않는 사람이 아닙니다. 기쁨이나 즐거움을 느끼지 않는 사람도 아닙니다. 이 사람은 그걸 다 느끼는 사람입니다. 완전히 한 존재가 느낄 수 있는 모든 감각과 감촉으로 충만한 사람입니다. 그래서 남들이 안 느끼는 고통도 느끼고, 남들이 안 느끼는 즐거움도 느낍니다. 그것이 충만하기 때문에 다만 흔들리지 않습니다.

어떤 밀폐된 용기 안에 물이 완전히 한 틈도 없이 가득 차 있으면 출렁이지 않잖아요. 덜 느끼고 덜 차 있기 때문에 흔들리는 겁니다. 자기 존재와 자기가 사는 세상에 대해서, 관계에서 발생할 수 있는 모든 긍정적인 것은 물론, 고통까지도 다 느끼고, 그걸 충분히 내가 인정하고 그것들에 휘둘리지 않는다면 불안하거나 흔들리지 않고 그 자체로서 완전해질 수 있죠. 그래서 저는 부처가 무념무상의 상태의 사람이 아니라, 다 느끼는 사람이라고 생각합니다. 아까 말한 A라는 특성을 가진 사람이 B라는 특성도 갖추게 된다면, 오로지 B라는 특성만으로 이루어진 사람도 배제시키지 않고 수용하게 되는 것처럼 말이지요. 인간의 특징이 어디 A, B뿐이겠습니까. 수천수만 가지의 특성이 있죠. 부처는 이 모든 걸 다 갖춘 사람입니다. 그래서 완전히 충만하고 그래서 흔들리지 않는 사람입니다. 그래서 이 사람은 남들이 느끼지 못한 고통까지도 다 느끼고, 남들이 느끼지 못하는 기쁨까지도 다 느끼는 사람입니다.

그런데 사람마다 같은 사건을 겪고도 덜 고통스러워하고 더 고통스러워하는 차이가 있는 거 같습니다. 그 차이는 어떻게 발생하며, 어떻게 하면 덜 고통스러워할 수 있을까요?

'새옹지마塞翁之馬'라는 고사성어에서 말이 처음에 사라졌을 때, 노인은 "이게 나쁜 일이 아닐 것이다"라고 생각했고, 말이 다른 말을 데려왔을 때 노인은 "이게 좋은 일이 아닐 것이다"라고 생각했습니다. 그게 지금 제가 하는 말과 크게 다르지 않습니다. 좋은 일이 생겼다고 해서 그 일의 그림자가 없을 리 없고, 나쁜 일이 생겼다고 해서 그 일의 좋은 면이 없을 리 없죠. 그래야 인간이 일희일비하지 않고 덜 흔들릴 수 있습니다. 그게 충만한 상태고요. 어떤 일이 100퍼센트 좋기만 하고, 어떤

"어떤 밀폐된 용기 안에 물이
완전히 한 틈도 없이 가득 차
있으면 출렁이지 않잖아요.
덜 느끼고 덜 차 있기 때문에
흔들리는 겁니다."

일이 100퍼센트 나쁘기만 한 게 없다는 걸 받아들이면 살면서 발생하는 일을 좀 덜 고통스럽게 받아들일 수 있죠.

오래 전에 한 학생이 데모를 하다가 감옥에 갔다. 학생의 어머니는 매일 아들이 감옥에서 나오길 두 손 모아 기도했다. 다행히 아들은 1심에서 집행유예로 석방이 되어 나왔다. 어머니는 너무나 기뻐했다. 하지만 아들은 3개월 뒤에 교통사고로 세상을 떠났다. 어머니는 스님을 붙들고 통곡했다. "그냥 감옥에 있었으면 죽지 않았을걸. 내가 기도해서 꺼냈으니 내가 죽인 거야"라며.
법륜 스님은 《스님의 주례사》에서 이 사연을 전하며 이렇게 말했다. "소원하던 것이 이루어지면 정말 좋을까요? 알 수 없어요. 그냥 최선을 다할 뿐이에요." 이승욱 선생님의 마지막 답변을 들으니, 법륜 스님의 이 이야기가 떠올랐다. 정신분석을 물으러 갔지만 더 크게 배운 건 삶의 태도였다.

행복을 묻는 당신에게

멈출 수 없는 인정중독의 뿌리와 해결책

국제공인 정신분석가

이인수 ── 정신과 전문의

이인수 정신과 전문의는 앞서 정신분석의 권위자로 소개된 이무석 정신과 전문의의 아들이다. 아버지와 아들이 대를 이어서 정신분석가로 활동하는 경우는 국내에서 거의 유일하다. 두 분은 서울 청담동의 한 건물에서 각각 연구소와 의원을 운영하며 일을 한다. 《내 아이의 자존감》에 이어 《누구의 인정도 아닌》도 부자가 함께 집필했다. 인터뷰를 통해 본 두 분의 관계는 평범한 부자의 관계를 뛰어넘는, 사랑과 존중에 기초한 동반자적 관계였다. 아버지의 온화한 미소와 부드러운 말투를 그대로 물려받은 이인수 전문의는 인터뷰 약속을 잡고 질문지를 주고받고 실제 인터뷰를 하기까지 모든 과정에서 보여주는 배려와 공감이 남달랐다. 이인수 전문의를 인터뷰한 다른 기자 역시 이렇게 말했다. "인터뷰를 하는데, 마치 상담받고 치유받는 느낌이었어요. 그날 마침 스트레스를 엄청 받은 일이 있었는데 인터뷰하고 다 풀렸어요. 만약 정신분석을 받게 된다면 꼭 이분에게 받고 싶네요!" 그렇게 이인수 정신분석가는 인터뷰마저도 치유의 장으로 만드는 내공이 있었다.

정신과 전문의 이인수

국제정신분석학회와 미국정신분석학회가 인정한 국제정신분석가이다. 삼성서울병원에서 정신과 수련과 임상강사를 거친 후 미국 샌디에이고 정신분석연구소에서 정신분석 수련을 받았다. 하버드대학교 의과대학 수면정신의학 교과서에 저자로 참여했고, 캘리포니아대학교 샌디에이고캠퍼스(UCSD) 정신과에서 우울과 불안, 수면장애에 대해 연구했다. 현재 '이인수 정신분석클리닉'에서 정신분석을 통한 치료를 하고 있다. 공저로는 《누구의 인정도 아닌》 《내 아이의 자존감》 등이 있다.

"모든 사람이 나를 좋아해야 한다, 갈등이 일어나서 좋을 건 전혀 없다고 믿는다, 나는 종종 남에게 거절당하지 않기 위해서 너무 많은 일을 하거나, 다른 사람이 나를 이용하도록 허용한다, 나의 욕구를 다른 사람의 욕구보다 우선하는 것은 이기적인 것이다, 누군가를 비난하는 것은 몹시 힘들다, 상대방의 요구가 지나치고 비상식적인 줄 알면서도 내게 거는 기대를 저버릴 수 없고, 절대 거절하지 못한다, 남에게 일을 위임하는 경우가 거의 없다, 다른 사람들의 부탁이나 요구를 거부할 때 죄책감이 든다."

이인수 · 이무석의 《누구의 인정도 아닌》(위즈덤하우스, 2017)에 수록된 '인정중독 체크리스트' 중 일부이다. 이들 문장 중 많은 해당사항이 있다면 '인정중독'을 의심해봐야 한다.

그리스 신화의 파에톤은 자신이 태양신 헬리오스의 아들임을 이미 인정받았지만 이에 만족하지 않고 더 큰 인정을 받고자 태양의 마차에 올랐다가 파멸에 이르고 만다. 이 신화는 인정욕구의 위험성을 말하고 있다. 파에톤처럼 타인의 인정에 강박적으로 매달리는 심리를 '파에톤 콤플렉스Phaethon Complex'라고도 부르는 이유다.

왜 인정욕구는 만족을 모르는 걸까? 인정욕구의 뿌리에는 무엇이 도사리고 있으며, 인정욕구의 끝에는 무엇이 기다리고 있을까? 왜 인정욕구는 어떤 사람들에게만 유별나게 발달할까? 폭주기관차 같은 그들의 인정욕구는 어떻게 멈출 수 있을까? 궁금증을 안고 정신분석적 관점에서 '인정욕구'만을 집중적으로 파헤친 《누구의 인정도 아닌》을 쓴 국제정신분석가 이인수 정신과 전문의를 찾아갔다.

인정욕구와 성공의 상관관계는 어떻게 되나요? 인정욕구가 있어야 성공 가능성이 높지 않나요?

먼저 성공이란 무엇인가에 대한 정의가 필요합니다. 우리나라에선 많은 사람들이 높은 성취에 도달할수록 성공이라고 생각하는데요. 많은 돈을 벌거나 일류대를 가거나 1등을 하거나 등 모두 눈에 보이는 성취를 성공이라고 생각합니다. 인정욕구가 강할수록 이러한 외적인 성취를 많이 이루기도 하죠. 그런데 외적으로 성취한 사람들이 행복하지 않은 경우가 많습니다. 과연 그게 성공한 인생인가 하면 그것은 좀 다른 스토리입니다.

저의 책에서 또 다른 성공의 정의를 말했는데요. 그것은 행복한 만큼 성공이라는 겁니다. 자신이 지금 엄청 많은 돈을 가지고 있다고 해도 행복하지 않다면 그 인생은 성공하지 못한 거죠. 가진 게 없다고 해도 자신이 하는 일이 매우 자랑스럽고 스스로에 대해 굉장히 만족스럽다면 그건 행복한 것이고 그렇다면 그 인생은 성공적인 것입니다. 그래서 성공을 어떻게 정의하느냐에 따라 인정욕구와의 상관관계는 좀 달라집니다.

그렇다면 인정욕구가 외적인 성취를 이루는 데는 도움이 되는데, 내적인 만족감에서는 반비례하나요?

인정을 받고자 하는 욕구는 너무나 건강한 욕구입니다. 전혀 병적인 게 아닙니다. 성장할 때 가장 중요한 사랑의 대상인 부모님의 인정을 받고, 부모님이 가지고 있는 가치관을 흡수하

이
인
수

고 따라가면서 인격은 성장하거든요. 즉, 인정을 받고자 하는 욕구, 사랑을 받고자 하는 욕구를 통해서 개인은 성숙하고 성장합니다. 인정욕구가 문제가 되는 지점은 타인의 인정을 받기 위해서 내 욕구를 계속 희생할 때입니다. 예를 들어 나는 매운 음식을 전혀 못 먹는데 부장님은 굉장히 매운 짬뽕을 좋아한다고 해요. 부장님을 기쁘게 하기 위해서 배탈이 나더라도 계속 매운 짬뽕을 먹겠다면 이건 병적인 것입니다. 만약에 부장님이 짬뽕을 먹자고 할 때 "부장님, 저는 매운 걸 못 먹어요, 저는 그냥 우동 먹을래요" 한다면 이건 건강한 거죠. 인정을 받고자 하지만 자기의 욕구와 감정을 지나치게 희생하지 않는 게 중요합니다.

자기 욕구를 희생하지 않는 수준까지의 인정욕구는 건강하고 그 수준 이상이면 병리적인 것이라는 거군요.

그렇습니다. 자기를 지나치게 희생하고 자기의 감정을 숨겨야 되는 그런 상태에 이른 것을 저의 책에서 '인정중독'이라고 이름 붙였습니다.

그럼, 인정욕구와 행복의 상관관계는 어떻게 되나요?

우리는 진정한 자신의 모습으로 인정받을 때 행복합니다. 진짜 나의 모습을 감추고 굉장히 친절한 사람으로 또는 굉장히 특별한 모습으로 남에게 비쳐서 그걸로 인정받았다고 합시다. 그러면 하루를 마치고 집에 돌아오면 허무합니다. 사람들은 나를 환호하고 칭찬하고 인정해주지만, '진짜 나'로서 인정받는 게 아니기 때문이죠.

연예인 중에 우울증이나 자살충동에 시달리는 경우가 많다고 하는데, 꾸며낸 자신의 모습으로 환호를 받기 때문에 돌아섰을 때 공허감이 큰 거군요?

맞습니다. 연예인이나 성공한 많은 분들이 높은 위치와 높은 성취에 도달하기 위해 진짜 자신의 모습을 숨겨야 하는 경우가 많았습니다. 많은 사람을 만족시키기 위해서 상대가 원하는 모습에 자신을 맞추었으니까요. 그래서 성취는 높았지만 허무한 성취인 겁니다. 인정은 받지만 마음은 늘 공허하죠.

반대로, 인정욕구가 아예 없는 것도 좋다고 볼 수는 없나요?

인정욕구는 너무나 자연스러운 욕구이기 때문에 누가 가지라 해서 생기는 게 아니라 저절로 생기는 것입니다. 만약 누군가 인정욕구를 전혀 못 느끼고 인정을 받는 것에 의미를 부여하지 않는다면, 이 사람은 더 이상 실망하고 싶지 않은 것인지도

이인수

모릅니다. 예컨대 어린 시절에 아무리 노력해도 완벽하게 하지 않으면 부모에게 인정받지 못한 사람은 다시 실망하고 싶지 않아서 아예 그 기대를 포기해버리죠.

> 인간의 욕구와 감정이 모두 자연스럽고 필요하다는 것을 이 대목에서도 확인하게 됐다. 인정욕구 또한 정도가 문제일 뿐 가지고 있는 게 자연스럽고 건강한 것이라는 걸 알게 되니, 그간 부정적으로만 생각했던 인정욕구에 대해 한결 마음이 편해졌다.

인정욕구가 강하면 불행해지는 이유는 무엇일까요?

인정욕구가 왜 강해지는지를 먼저 이해해야 합니다. 스스로 자신을 충분하다고 생각하면 더 많은 외부적인 확인을 안 받아도 됩니다. 인정욕구가 강하다는 것은 자신에 대해서 부족하다고 느끼는 심리적 상태에 있다는 뜻입니다. 마음 깊이 '나는 사실 부족한 인간이야', '나는 나로서 그렇게 사랑스럽지 않아'라고 생각하는 거죠. 스스로 부족하다고 느끼기 때문에 더 많은 인정을 자꾸 받아야 합니다. 그런데 인정을 받아도 스스로에 대해 느끼는 감정이 바뀌는가 하면, 사실 그렇지 않습니다. 일시적인 효과가 있기는 하지만, 외부적인 피드백만으로 자신에 대한 의심을 지우기 어렵습니다.

그렇다면 인정욕구는 자기 자신을 인정하기 전까지 결코 만족되지 않는 건가요?

그렇습니다. 그런데 혼자의 힘으로 하긴 어렵습니다. 마음에 저장돼 있는 부정적 믿음에 대한 현실 검증이 필요합니다. 완벽하지 않아도 나는 괜찮은 사람인지, 아니면 나는 너무 밉고 부족한 사람인지, 나 혼자 구분하기는 어렵습니다. 더군다나 부정적 믿음이 의식 밖에 있을 때는 더 접근하기가 어렵습니다. 그런데 언제 그게 가능하냐 하면, 타인과의 관계 안에서 가능합니다. 누군가에게 용기를 내서 진짜 자신의 모습을 보여주었는데, 그 상대가 그래도 괜찮다, 그래도 당신은 가치가 있다는 반응을 보여줄 때만 확인이 됩니다. 나를 인정하기 위해서는 나를 아주 건강하게 비춰줄 수 있는, 다시 말해 왜곡되게 비추지 않고, 나를 아주 합리적이고 건강하게 비춰줄 수 있는 누군가를 만나야 합니다. 그 거울을 찾아야 하죠.

그 거울은 주변에서 배우자나 친구가 될 수도 있고, 주변에서 찾지 못하면 치료실에서 정신분석가가 그 역할을 해주는 것인가요?

그렇습니다. 건강한 거울이 주변에 있다면 그 경험을 통해서 자신에 대한 객관적인 인식을 가질 수 있습니다. 그러나 주변에 그런 사람이 없거나 주변에서 아무리 얘기해줘도 내가 끊임

이인수

없이 자기회의, 자기의심을 하게 된다면, 정신분석가를 찾아가는 것도 좋습니다.

외모도 보잘것없고, 능력도 없고, 돈도 없는 사람의 경우, 주변에서 인정을 받기도 어렵거니와 누군가 인정을 해준다고 해도 본인이 그 인정을 받아들이기가 어려울 거 같은데요?

직업, 키, 수입 등은 외부적 조건입니다. 내 모습을 그대로 인정해준다는 것은 나의 외적 조건이 아닌 내가 경험하는 감정, 내가 갖는 다양한 감정의 스펙트럼을 있는 그대로 이해해주고 수용해준다는 것입니다.

인정이라는 것은 외적인 조건이 부족해도 그걸 받아들여주는 것이라고 생각해왔는데요. 감정의 스펙트럼을 인정해주는 것이란 점은 미처 몰랐던 부분입니다.

그게 진짜 인정입니다. 우리가 진정으로 인정받는다는 것은 자신의 다양한 감정을 그대로 수용받고 이해받는 경험이지요.

그럼 '자식을 인정해준다'는 것도, 자식이 공부를 못하거나 취직을 못하거나 하는 등 자식의 부족한 모습을 그대도 받아들여준다는 게 아니라 '자식의 다양한 감정을 받아들여준다'라는 의미인가요?

그렇습니다.

놀라웠다. 인정이라는 것은 '감정의 인정'이고, 감정이 곧 정체성 identity라는 걸 알게 되니, 선생님의 저서 《누구의 인정도 아닌》에서 "자신의 감정을 알아야 자신의 정체성을 알 수 있다"는 대목이 이제야 이해가 갔다.

감정과 정체성이 연결돼 있다는 게 놀랍습니다.

우리의 정체성은 외적 조건이 아니라 우리의 감정에 의해 정의 됩니다. 예를 들면, 우리가 건널목에서 초록색 불이 켜졌을 때 10명이 서 있으면 모두가 초록불이면 길을 건넌다는 것은 다 알죠. 그 생각은 모두가 갖고 있기 때문에 그것은 '나'라는 사람 을 정의할 수 없습니다. 그런데 초록불이 켜질 때 갖는 감정은 다 다릅니다. 어떤 사람은 기쁠 수도 있고, 어떤 사람은 우울해 질 수도 있어요. 그렇기에 그 감정이 곧 그 사람인 겁니다.

그렇다면 과도한 인정욕구는 어떤 문제를 야기하나요?

우선 자존감 문제의 원인을 바꾸지 않고 계속해서 인정에만 매 달리게 될 때에는 나를 계속 희생하게 됩니다. 진짜 나의 욕구 는 계속해서 소외되죠. 그러면 울분이 쌓이고 분노하게 됩니다. 결국은 분노를 억압하기 위해 어마어마한 노력이 필요합니다.

이인수

"내 모습을 그대로 인정해준다
는 것은 나의 외적 조건이 아닌
내가 경험하는 감정, 내가 갖는
다양한 감정의 스펙트럼을 있
는 그대로 이해해주고 수용해
준다는 것입니다."

대개 신체적으로는 질환이 많이 생기고 감정적으로는 우울증이 생기죠. 행복하지 않은 상태가 됩니다.

그럼 인정욕구가 과한 사람이 자주 느끼는 감정은 분노인가요?

분노도 많겠지만, 가장 중요한 감정은 불안이라고 생각합니다. 어떤 사람들은 시험이나 대입을 망쳤다고 해서 살 가치가 없다고 느끼거나 자살하기도 합니다. 그들의 심리에서는 실패하거나 외부적인 인정을 못 받는 상황은 곧바로 '나는 무가치한 존재'라는 감정 경험으로 이어집니다. 내가 무가치하다고 느끼는 상태는 굉장히 불안한 상황입니다. 누구에게도 사랑을 받을 수 없고 누구에게도 긍정적인 반응을 받을 수 없기 때문이죠. 그 극심한 두려움에서 탈출하기 위해 죽음을 선택합니다. 그래서 여러 가지 감정이 다 있겠지만, 불안해하고 자신을 무가치하게 느끼는 감정이 인정욕구의 근간에 있다고 봅니다.

혹시 인정욕구의 뿌리에 의존심과 분리불안이 있는 것은 아닌가요?

근본적으로 인정욕구의 뿌리에는 자신의 가치에 대한 의심이 있습니다. 자신이 정말 가치 있는 존재인지, 무가치한 존재는 아닌지 의심합니다.

이인수

자기가 그걸 의심하고 확신하지 못하니까 밖에서 그걸 계속 확인하려고 하는 거군요.

그렇습니다.

인정욕구가 강한 사람들의 특징은 무엇인가요? 한눈에 '저 사람은 인정욕구가 강하구나'라는 걸 알 수 있는 특징이 있을까요?

제 책에선 네 가지 유형을 말했습니다. 그 네 가지 유형이 사실 인정욕구가 강한 어떤 성격적 특성과 관련이 있는데, 첫 번째 유형은 의존적인 사람입니다. 혼자 있기를 싫어하는 사람, 혼자 있기 두려운 사람들은 자기가 의지할 대상에게 인정을 받아야 합니다. 예를 들어 엄마의 보호와 엄마의 지지를 받지 않고 혼자 있기 두려운 사람들은 엄마가 원하는 대로 살아가야 하죠. 두 번째 성향은 자기희생적인 사람입니다. 타인의 인정을 받기 위해서는 나를 자꾸 희생하는 사람입니다. 회사에서 힘든 일을 제일 많이 맡는 사람 또는 다른 사람의 부탁을 거절 못하는 사람들입니다. 세 번째 유형은 강박적인 사람으로, 내면에 부족하면 타인의 인정을 못 받기 때문에 완벽하게 해야 된다는 강박이 자리해 있습니다. 네 번째 유형은 분노를 표현하지 못하는 사람입니다.

이미 다 자라버린 성인이 자신의 과도한 인정욕구를 줄일 수 있는 방법은 무엇이 있을까요?

인정욕구를 줄이는 것은 별로 효과적이지 않습니다. 인정욕구의 존재를 인정하되, 나 자신이 충분히 자랑스러울 수 있는, 자신의 가치를 재발견하는 경험이 필요합니다.

한국인들이 다른 나라 사람들에 비해 유독 인정욕구가 강해 보이는데요.

분명히 강한 면이 있다고 봅니다. 제가 미국에서 몇 년간 지내다가 한국에 오니 더 현저하게 보이더군요. 한국 사람들은 권위자의 인정을 받는 것이 자존감 유지에 너무 중요합니다. 한국은 굉장히 위계적인 사회로 아랫사람의 능력과 가치를 윗사람이 정해주잖아요. 윗사람이 칭찬하면 그 사람은 높은 위치에 올라갈 수 있고, 윗사람이 힐책하면 그 사람의 가치는 떨어지는, 위계적으로 조직되어 있는 문화이기 때문에 한국 사람들은 자기의 가치를 윗사람의 인정에서 찾습니다. 가족에선 부모, 사회에선 직장 상사입니다.

위계적인 사회에선 인정욕구가 강할 수밖에 없고, 수평적인 사회에선 인정욕구가 상대적으로 줄어들 수 있겠네요.

네. 위계적인 사회일수록 타인의 인정에 의존하는 정도가 커질

이인수

수밖에 없습니다. 수평적인 사회일수록 타인의 인정보다 자신의 인정, 자기 자신의 만족에 더 초점이 맞춰지죠.

인정욕구의 유무와 상관없이 한국인들은 '노'라고 말하는 걸 굉장히 어려워합니다. '노'라고 말하기보다 '예스'를 외치는 게 미덕인 사회에서 '노'라고 말할 수 있는 심리적 힘을 어떻게 기를 수 있나요? 부장님께서 짬뽕 먹자는데 어떻게 짜장면을 먹겠다고 말할 수 있을까요?

우선은 자신의 욕구를 알아야 합니다. 두 번째는 그 욕구가 정당하다는 걸 알아야 합니다. 내가 배탈이 안 난다면 부장님이 원하는 짬뽕을 먹어보자 할 수도 있습니다. 그런데 그 짬뽕만 먹으면 설사가 나고 괴로운데도 "예스"라고 하는 건 너무 병적이죠. 첫 번째는 짜장면을 먹고 싶다는 나의 욕구를 알아야겠고, 두 번째는 내 욕구도 정당하다는 걸 인식할 때 그걸 주장할 수 있습니다.

선생님의 책에 자신의 인정중독 정도를 가늠해볼 수 있는 체크리스트가 있었습니다. 인정욕구 체크리스트에서 사랑받고 싶어 하고 미움받거나 부정적인 소리를 듣기 싫어하고 완벽주의적 성향이 강한 것은 인정욕구의 지표로 보이는데, 갈등과 충돌을 회피하고 싶어 하는 게 왜 인정욕구와 연결이 되나요?

내가 나를 주장하면 갈등이 일어납니다. 그런데 갈등이 일어나면 화라는 감정을 나도 느끼고 상대방도 느낄 수 있습니다. 그런데 어떤 사람들은 화가 나면 큰일이 날 줄 알죠. 그래서 자신의 화를 줄이고 상대방을 화나지 않게 하기 위해서 갈등 상황을 미리 다 차단합니다. 내 욕구를 희생하는 거죠. 그러니까 갈등과 화를 두려워하는 사람들은 절대 자기주장을 못 합니다. 자기주장을 못 하면 타인의 욕구를 수용하게 되고, 타인의 인정을 받기 위해 노력하게 됩니다.

또 인정욕구 체크리스트에서는 희생정신과 죄책감이 강한지를 체크하고 있습니다. 희생정신과 죄책감은 인정욕구와 어떻게 연결이 되나요?

어린 시절에 부모와 아이가 개별적인 존재가 아니라 아이가 부모의 자존감을 위한 도구가 되는 관계였다면 아이 마음에 한 가지 헌법이 생깁니다. '엄마 아빠의 감정을 내가 책임져야 한다', '엄마 아빠의 자존감도 내 책임이다' 하는 헌법이죠. 그걸 어길 때 법을 어기는 것과 비슷한 죄책감을 느낍니다. 그래서 이런 자녀들은 성장하고 나면 배우자가 불편해해도 죄책감을 느끼고, 상사가 화나 보이면 자기 잘못인 것처럼 느낍니다. 타인의 감정을 내가 책임져야 한다는 법 때문이죠. 죄책감이 많고 그 죄책감을 줄이기 위해서 노력하고 희생하게 되죠.

이인수

"갈등과 화를 두려워하는 사
람들은 절대 자기주장을 못
합니다. 자기주장을 못 하면
타인의 욕구를 수용하게 되
고, 타인의 인정을 받기 위해
노력하게 됩니다."

그렇다면 인정욕구는 양육환경이 100퍼센트 모양새와 강도를 결정하나요?

초기 부모와의 관계가 매우 중요하다고 봅니다. 좋은 부모여도 둘째를 낳은 뒤 첫째 아이에게 전보다 반응을 못 해줄 수는 있습니다. 왜냐하면 더 어린 동생을 돌봐줘야 하니까. 그런데 안타깝게도 어떤 아이들은 그걸로 인해 '아 내가 사랑스럽지 않나 보다', '동생이 나보다 더 특별하고 내가 부족한 사람인가 보다'라는 자기이미지를 갖게 됩니다. 특히 정신분석학에서는 아이에게 있는 세 가지 중요한 욕구에 부모가 잘 반응해줘야만 아이가 이런 자기의심에 빠지지 않는다고 말합니다.

첫 번째는 내 얘기를 누군가가 진지하게 들어줬으면 하는 겁니다. 예를 들어 "엄마, 나 오늘 짜장면 먹고 싶어요"라고 말했는데 엄마가 "응, 알았어"라고 답하고는 그냥 밥을 차려준다면 아이는 '엄마가 나를 진지하게 대하지 않는다'고 생각합니다. 다시 말해 '나는 엄마에게 그렇게 중요한 사람이 아니다'라고 느낍니다.

두 번째 욕구는 내가 무대의 중심, 모든 사람의 관심의 중심에 있고 싶은 욕구입니다. 그런데 어떤 부모는 절대로 아이를 무대의 중심에 있게 하지 않습니다. 예를 들어 아이와 게임을 하는 아빠가 아이에게 절대로 안 져주고 끝까지 이겨버려서 아들이 주인공이 될 기회를 뺏어버립니다. 또 어떤 엄마들은 끊임없이 아이의 외모를 지적합니다. "너는 안 예뻐", "이 옷은 너와 안 어울려"라고 말하며 아이가 주인공이 될 기회를 빼앗아버립니다. 주인공이 되고 싶은 아이의 욕구를 만족시켜줄 필요가 있습니다. 아이에게 좀 져준다거나 아이의 옷차림에 환호해주고 칭찬해주는 반응이 필요합니다.

세 번째로, 아이들은 자기의 욕구와 감정이 누군가로 인해 좌절되거나 침범되는 것을 못 참습니다. 예를 들어 나는 지금 자고 싶은데 아빠가 일어나서 공부하라는 겁니다. 내 욕구가 침해당하고 꺾이는 상황이죠. 청소년기 아이들은 '엄마 내 방에 들어오지 마'라고 하면서 프라이버시를 갖고 싶어 하는 욕구가 있는데, 엄마가 수시로 문을 열고 들어오고 어떤 아빠들은 방을 군대처럼 불시에 점검을 합니다. 이런 상황이 반복되면 아이는 굉장한 분노가 쌓일 뿐 아니라, '내가 이렇게 침범을 당하다니 나는 그렇게 특별한 사람이 아니다'라는 자기 이미지를 갖게 됩니다. 이 세 가지 욕구가 아이의 자존감, 아이의 건강한 자기애를 형성하는 데 매우 중요합니다.

첫 번째, 두 번째 욕구, 즉 아이의 이야기를 진지하게 들어주고, 아이를 무대의 주인공으로 만들어주는 것은 부모로서 채워주기가 어렵진 않을

거 같은데, 세 번째는 쉽지 않을 것 같습니다. 내일 학교 가야 되는데 자녀가 밤새 놀겠다고 하거나 내일 시험인데 텔레비전만 보고 있으면 그 욕구를 침범하지 않기가 어렵지 않을까요?

그럴 때 부모의 태도가 합리적이고 공감적이면 괜찮습니다. "네가 밤을 새우면 내일 너무 피곤할 것이고 그러면 네가 학교 가서 너무 힘들 거야", "놀고 싶은 마음은 알겠어. 그렇지만 지금 자는 것이 내일을 위해 좋아"라고 한다면 이것은 합리적이고 공감적입니다. 다음으로 타협을 해주는 게 좋습니다. 아이가 밤새 놀고 싶어 한다면, "알겠어, 그럼 30분만 더 놀자"라고 타협하는 것이죠. 이런 상호작용을 겪으면 아이는 존중받는다는 느낌을 받습니다.

자녀가 건강한 수준의 인정욕구를 갖게 하기 위한 핵심적 양육방식은 무엇인가요?

제 책의 마지막 에필로그에 쓴 예화가 있습니다. 정원에서 주운 돌멩이를 들고 엄마에게 달려간 아이에게 한 엄마는 "더럽게 그게 뭐야. 그 지저분한 돌들을 어서 버려!"라고 하고, 한 엄마는 "와, 예쁜 보석들을 이렇게 많이 찾아왔구나! 정말 멋지다!"라고 합니다. 엄마의 입장에서는 돌멩이지만, 아이의 입장에서는 너무나 자랑스러운 수확물이죠. 아이의 관점에서 인정해주는 것이 중요합니다. 미국 표현에 '모든 아이들은 엄마의 눈 속의 사과가 되고 싶다Every child wants to be an apple in the eyes of mother'라는 표현이 있습니다. 아이들은 엄마의 눈을 봅니다. 자신이 사랑스러울 때 엄마의 눈이 반짝하잖아요. 그 반짝이는 빛을 기억하며 평생을 살아가죠.

'그 반짝이는 빛을 기억하며 평생을 살아간다.' 부모와 자녀의 초기 관계의 중요성을 이토록 시적으로 아름답게 표현한 말이 있을까. 과도한 인정욕구에 시달리는 사람들은 그 반짝이는 빛을 경험하지 못한 사람들일 수 있겠다 싶었다.

과도한 인정욕구를 가진 사람이 자신의 가치를 인정하고 나면 어떻게 달라지나요?

우선은 자신에 대해 편안하게 느껴집니다. 이것이 굉장히 특별한 경험입니다. 계속 인정에 매달리는 사람들은 자기 자신을 불편하게 느낍니다. 나는 부족하고 나는 뭔가 부적절하고 나는 사랑스럽지 않고 나는 모자라다는 느낌을 계속 받는데, 그것이 점차 줄어듭니다. 내가 나로서 갖는 다양한 감정과 욕구도 그냥 '괜찮다, 그것이 나구나'라고 받아들일 수 있는 심리적 변화가 일어납니다. 그것이 편안함입니다. 그러면 내가 나 자신으로 편안하기 때문에 굳이 다른 사람에게 자꾸 확인받을 필요가 없습니다. 그냥 이대로 내가 편하고 내가 하는 일이 만족스럽고, 때로는 내가 자랑스럽고 그렇다면 굳이 타인이 내 가치를 확인해주지 않아도 내 자신이 만족스러운 상태가 됩니다.

선생님께서 생각하는 '행복'의 정의는 무엇인가요?

저는 행복을 자신의 고유한 욕구를 추구해가는 과정 그리고 그 과정에서 느끼는 감정이라고 정의합니다. 그렇기에 행복은 사람마다 다릅니다. 어떤 아이들은 예술을 좋아하고 어떤 아이들은 수학을 좋아하고 어떤 아이들을 글 쓰는 걸 좋아할 수 있습니다. 각자의 고유한 욕구를 발견하고 그것을 추구하는 과정에서 오는 경험이 행복이라고 생각합니다.

그럼 행복하게 살기 위한 방법은 무엇인가요?

자신의 내면으로 시선을 돌려야 합니다. 저를 찾아오는 분들 중에 성형중독에 빠지거나 과도한 다이어트로 거식증을 앓는 분들이 있습니다. 그분들은 다른 사람들이 원하는 것은 알지만, 정말 자기가 원하는 것을 모릅니다. 예쁘고 완벽한 외모에 대한 타인의 욕구는 알지만 진짜 내 욕구는 모르는 거죠. 그래서 우리가 행복하기 위해선 나의 감정과 내면에 귀를 기울여야 합니다. 나의 고유한 욕구가 무엇인지 알아야 하고 그리고 그것

이인수

이 타당하다는 걸 깨달아야 합니다.

인정욕구에 대해 물으러 갔다가 두 가지 사실에 놀랐다. 첫째, 인정욕
구는 인간의 자연스러운 욕구이며, 과도함이 문제일 뿐 어느 정도 가
지고 있어야 건강하다는 것이다. 둘째 우리의 정체성은 우리의 외적
조건이 아니라 감정이 결정한다는 것이다. 외모, 직업, 학력, 집안 배
경이 모여 나의 정체성을 구성하는 게 아니라, 남들과 다른 나만의 고
유한 감정체계가 나의 정체성이라는 것이다. 이 같은 정의는 내가 원
래 가지고 있던 다른 의문들을 풀어주었다. 자존감이 약한 사람들은
대개 자신의 감정을 표현하는 데 서툴다. 특히 싫거나 화나거나 하는
등의 부정적 감정 표현에 더욱 서툴고 좋은 감정 역시 "좋은 것 같아
요"라고 눈치를 보며 말한다. 정체성이 감정과 연결돼 있기 때문에 자
신의 존재에 대해 자신이 없는 사람들은 자신의 감정도 자신이 없는
것이었다.

행복을 묻는 당신에게

'나도 나를 모르겠다'는 젊은이들에게

자기 돌봄에 대해 연구하는 성장심리학자

문요한 ― 정신과 전문의

문요한 정신과 전문의는 '의사' 외에도 연구원, 강사, 여행가 등의 여러 직함이 있다. 오랫동안 진료실에서 환자들을 돌보다 '구본형 변화경영연구소'에 1기 연구원으로 들어가 한국형 자기계발 프로그램을 연구했다. 사후적 정신 치료보다는 예방적 활동에 더 사명감을 느껴 심리훈련 전문교육 기관인 '정신경영아카데미'를 열었다. 학교, 기업체, 공공기관 등에서 개인과 조직의 정신건강을 향상시키는 강연과 워크숍을 진행하다, 2014년엔 모든 활동을 중단하고 스스로에게 '안식년'을 선포한 뒤 세계 각지를 여행했다. 알프스와 안나푸르나, 남태평양 이스터 섬과 파타고니아 고원까지 두

발로 내디디며 느낀 자유와 매혹, 자연의 위대함을 저서《여행하는 인간Homo Viator》에 풀어놓기도 했다. 그렇게 그는 진료실에서 보다 길 위에서, 연단 위에서, 많은 사람의 '마음 청진기'가 되어주고 있다.

정신과 전문의 문요한

전남대학교 의과대학을 졸업한 뒤 1995년부터 정신과 의사로 활동해 오다 지금은 심리훈련 전문 교육기관인 '정신경영아카데미'를 운영하고 있다. 저서로는 30만 부 넘게 팔린《굿바이, 게으름》을 비롯해《관계를 읽는 시간》《이제 몸을 챙깁니다》《문요한의 마음 청진기》《스스로 살아가는 힘》《그로잉》《여행하는 인간Homo Viator》등이 있다.

단군 이래 최고의 스펙 시대다. 영어와 어학연수는 기본이고, 중국어
는 필수이고, 인턴십 경력에 자격증은 넘쳐난다. 쉼 없이 '스펙 쌓기'
에 몰두하지만 정작 취업, 연애, 결혼 등의 중요한 선택지 앞에서는
'내가 뭘 원하는지 모르겠다'는 청년들이 많다. '자율성'과 '주도성', '성
장' 등을 키워드로 중요한 저작들을 내온 문요한 선생님을 찾아 한국
청년들의 불안과 회피, 의존과 자율성 부재 등의 문제를 물었다.

요즘 젊은이들의 고민을 혹시 몇 가지 범주로 카테고리화할 수 있을까요?

각자가 가지고 있는 문제는 다양하지만 깊이 들어가면 결국
'자존감'의 문제에 맞닿아 있습니다. 겉으로는 중독, 불안, 우울
등 다양한 증상들을 가지고 있지만, 가장 심층부에 자리 잡고
있는 것은 낮은 자존감에 기인하는 여러 가지 문제들이죠. 이
것이 정신과를 찾는 사람들의 문제라고 한다면, 일반적인 젊은
사람들의 고민은 동서고금을 막론하고 두 가지일 것 같습니다.
어떻게 살 것인가 그리고 어떻게 관계할 것인가의 문제입니다.
이 두 가지가 가장 큰 고민이고, 시대에 따라서 그 고민의 내용
이나 양상이 좀 더 달라지겠죠.

**요즘 '꿈이 없다', '뭘 하고 싶은지 모르겠다'는 젊은이들이 많은데, 혹시
이런 젊은이들이 과거에 비해 늘어난 것인가요? 만약 늘었다면 그 이유
는 무엇일까요?**

과거에 비해 늘었다고 봅니다. 지금 우리 사회는 '집단' 중심에서 '개인' 중심으로 그 축이 빠르게 이동되고 있습니다. '개인화'라는 이 거대한 물결로 인해 자아에 대한 관심, 개인의 행복, 삶에 대한 방향이나 꿈, 목표 등이 더욱 중요해졌습니다. 그러나 우리 사회는 아직 개인화를 담아낼 만큼 다원화되지 못했어요. 게다가 과학기술을 포함한 사회의 변화 속도가 가팔라서 삶의 불확실성이 매우 커졌죠. 변동이 크기 때문에 장기적인 방향을 정하고 무언가를 준비하는 것 자체가 어려워졌습니다. 그렇기에 '개별화된 삶'을 살아가고 싶은 욕구는 과거에 비해 커졌지만 실제로는 뭘 해야 할지 모르는 이들이 많아졌습니다. 막막함과 불안감을 호소하는 이들이 무척 많아졌죠.

그렇다면 꿈이 없고 뭘 하고 싶은지 모르겠다는 젊은이들이 늘어난 것이 부정적인 현상만은 아닌 건가요?

삶의 방향에 대한 고민이 깊어지고 있다는 점에서 보면 분명 긍정적으로 보입니다. 자신의 삶에 대한 고민은 우리 사회가 다원화되어가는 데 있어 꼭 필요한 것이거든요. 문제는 1인 가구가 급속도로 늘 만큼 사회구조는 빠르게 개인화되고 있지만 정작 삶의 다양성은 제자리 상태라는 것입니다. 이는 개인의 문제라기보다 우리 사회의 유연성 문제입니다. 우리 사회는

문요한

시행착오를 실패로만 바라볼 뿐, 개선이나 자기이해를 위한 관점으로 바라보는 여유가 너무 부족합니다. 자신이 무엇을 하고 싶어 하는지는 결코 머릿속으로 고민한다고 얻어지지 않습니다. 다양한 시도와 경험을 통한 자기이해가 무엇보다 중요하죠. 건축을 하고 싶은데 막상 해보니 자기적성에 안 맞는다고 느낄 수 있어요. 이때 다른 방향으로 삶을 선회할 수 있는 기회가 우리에게 얼마나 주어지느냐는 거죠.

자신이 하고 싶은 일을 고민하거나 찾기보다는 무작정 '공무원', '대기업 회사원'이 장래의 꿈인 청년들이 많은데요. 이런 현상은 어떻게 보시나요?

한 번 실패하면 다시 시도할 기회가 주어지지 않고, 모든 책임이 한 개인에게 쏠려 있는 사회에서 개인은 한없이 조심스러워지고 불안해질 수밖에 없습니다. '안전함'을 느끼지 못하는 개인은 자기를 표현하고 자기 길을 갈 수가 없죠. 프로스트의 시에서처럼 '남들이 가지 않은 길'을 선택할 수가 없습니다. 결국 안전한 길을 갈 수밖에 없죠.

막상 모두가 원하는 '공무원'이나 '대기업 회사원'이 된 사람 중에는 "재미도 없고 적성에는 안 맞고, 그런데 이걸 그만두자니 부모님이 크게 반대할 것이고, 나 또한 후회할까 걱정이 된다. 어떡하나?" 하는 고민을

하는 이들이 많아요. 이런 사람들에게는 뭐라고 조언을 해줘야 할까요?

실제로 많은 분들이 하는 고민입니다. '이것이 나의 길인가?' 하는 회의나 고민은 결국 자기 삶에 대한 불만으로부터 출발하거든요. 불만은 삶을 새롭게 변화시키는 원동력이 될 수도 있습니다. 변화는 만족이 아닌 불만에서 비롯되기 때문이죠.

다만 불만이 많다고 해서 그 지점이 선택의 순간이라고 할 수는 없습니다. 선택이라는 것은 그것이 둘 중 하나든 셋 중 하나든 선택지가 있어야 가능합니다. 예를 들어 지금 공무원이라는 직업을 가진 사람이 귀촌을 해서 과수원을 하고 싶다고 해봅시다. 그 사이에서 갈등을 한다면 이는 생산적인 고민입니다. 그런데 어떤 사람들은 다른 선택지가 안 보이는데 지금 하고 있는 일이 불만스러워 그만둘까 고민을 합니다. 이는 소모적인 고민으로 흐를 가능성이 높습니다. 다시 말해 지금 하는 일도 제대로 하지 못하고 대안적인 삶도 설계하지 못할 수 있습니다. 이는 불만을 위한 불만이고 고민을 위한 고민이죠.

불만은 대안으로 이어져야 합니다. 내가 하고 있는 일의 어떤 면이 불만인지를 파고들어가서, 이를 토대로 자신이 원하는 것이 무엇인지를 읽어내야 합니다. 때로는 직업을 바꾸지 않고 업무나 부서를 바꾸는 것으로 해결될 수도 있습니다. 어떤 경우는 직장이나 직업을 바꿔야 할 수도 있습니다. 단, 자신이 뭘 원하는지를 알고 난 뒤의 이야기지요. 그래서 아직 대안의 선택지가 없는 사람이라면 지금 일을 더 하는 것이 좋다고 봅니다. 그 일을 하다 보면 불만이 더 쌓이거나 고민이 더 깊어지면서 다른 선택지가 나타날 수 있습니다. 그때 선택을 하는 거죠. 길이 하나라면 갈림길이 나타날 때까지 좀 더 그 길을 가라고 조언합니다.

청년들의 과도한 '스펙 쌓기' 현상을 어떻게 보시나요? 어학연수, 배낭여행, 인턴십은 기본이고 동아리도 자신이 좋아하는 것을 하는 게 아니라 스펙 쌓기에 도움이 되는 것을 선택하고 있는데요.

우리 사회를 관통하고 있는 문제는 불안입니다. 불안이 커지면 사회성이나 이성적인 사고가 마비됩니다. 그렇다고 가만히 있는 것은 아닙니다. 불안한 사람은 어떤 식으로든 그 불안에 대처하려고 하죠. 저마다 불안에 대처하는 방식은 다르지만 공통점이 있습니다. 그게 바로 과잉행동입니다.

예전에 태릉선수촌 근처에서 병원을 운영한 적이 있었는데요. 국가대표 선발시험을 앞두고 선수들이 병원을 찾는 경우가 종종 있었어요. 불안하기 때문이죠. 그런데 이 선수들을 보면 공통적인 현상이 있습니다. 시합을 앞두고 연습량을 굉장히 많이 늘리는 겁니다. 잠자는 시간도 아껴가며 2배 이상 늘린 선수도 있었습니다. 이것을 좋게 봐야 할까요? 연습을 많이 하면 좋다고 얘기를 하지만 실은 그렇지 않습니다. 중요한 것은 연습의 양이 아니라 연습의 질이거든요. 예를 들어, 양궁 선수라면 연습을 통해 점점 적중률이 높아져야 하는데, 적중률은 그대로이거나 혹은 나빠지면서 연습 시간만 늘리는 경우가 많습니다. 적중률은 좋아지지 않는데 300발을 쏘든 500발을 쏘든 그게 무슨 의미가 있겠어요? 그럼에도 불구하고 그 행동을 멈추지 못합니다. 무언가 하고 있어야 그나마 안심이 되기 때문이죠.

학생도 마찬가지입니다. 시험을 앞두고 책상에 오래 앉아 있는 학생들 중에는 물론 열심히 하는 경우도 있지만 그냥 앉아만 있는 경우도 많습니다. 마찬가지로 청년들이 정말 필요한 스펙은 쌓아야겠지만, 어떤 스펙이 필요한지 사려 깊게 생각하지 않은 채 일단 스펙부터 늘리고 보자고 하는 건 문제입니다. 그 역시 과잉행동의 일환이죠.

방송이나 신문의 상담란을 보면, '이 여자랑 연애를 하는 게 좋을까요?', '이 남자랑 결혼을 하는 게 맞을까요?'라는 질문이 과거에 비해 많아진 것 같습니다. 과거의 고민이 "내가 저 사람을 좋아하는데, 저 사람이 나를 좋아하지 않는데 어떻게 해야 할까요?"였다면, 요즘은 "딱히 그 사람이 끌리진 않지만, 연봉도 괜찮고 성격도 무난한데, 그 사람이랑 연애하는 게 맞을까요?" 하는 질문이 많습니다. 이런 현상은 어떻게 보시나요?

그런 질문이 과거에 비해 많이 늘었다는 걸 저도 느낍니다. 이 같은 인생의 중요한 질문을 진료실에 오자마자 물어보는 이들이 있습니다. "제가 이 사람과 결혼하는 게 좋겠습니까?", "제가 다니는 이 직장을 그만두는 게 좋겠습니까, 아니면 계속 다니는 게 나을까요?"를 묻습니다. 인생에 정말 중요한 문제를 잘 모르는 이에게 다짜고짜 묻는 거죠. 물론 상담을 하는 과정에서 조언을 구할 순 있습니다. 하지만 타인에게 의견을 묻는 것과 결정을 의존하는 것은 다릅니다. 선택에 대한 자기결정이 자율성의 핵심입니다. 결정을 타인에게 미루거나 의지하는 것은 결국 자율성의 미발달을 의미합니다.

인생의 중요한 결정을 남에게 의존하려는 이유는 무엇인가요?

앞에서 이야기한 것처럼 사회 전체는 개인의 선택이나 자유, 개인적 가치 등을 중요하게 여기는 쪽으로 변화하고 있습니다. 게다가 과거보다 선택의 기회가 무척 많아졌죠. 문제는 그런 사회를 살아갈 수 있는 정신적 소양과 능력이 뒷받침되고 있느냐인데, 그 능력이 바로 자율성입니다. 선택의 기회나 권한은 굉장히 많아졌는데, 선택할 수 있는 능력은 오히려 예전보다 더 후퇴하고 있다고 봅니다. 경험을 통한 학습처럼, 선택을 통해 선택능력을 키워가는 것이 굉장히 중요합니다. 그러나 우리의 양육, 교육 환경은 점점 더 과잉양육, 과잉보호로 치달으면서 오히려 선택을 통한 학습 기회가 더 줄어들고 있습니다. 자율성이 미발달한 채 어른이 되고 있지요. 선택이 더 많아진 이 시대에 선택을 더 못하게 되는 이유입니다.

청년기는 연애, 취업, 결혼 등 다양한 선택의 기로에 서게 되는 시기입니다. 많은 선택 사항을 앞두고, 선택을 두려워해서 회피하는 '선택 회피형'과 타인의 의견에 따라 결정하려는 '선택 의존형'이 있는 것 같습니다. 왜 선택을 회피하거나 남에게 의존하는 걸까요?

회피나 의존 모두 동전의 양면과 같습니다. 사실은 선택의 결과에 대해 책임지지 않으려는 태도 때문에 빚어지는 두 가지 상이한 표현형일 뿐이죠. 선택을 하면 그것에 대한 책임이 나한테 귀결됩니다. 선택하기 싫어하는 사람들은 안 좋은 결과에 대해 스스로 책임지는 것을 굉장히 두려워합니다.

책임지는 걸 왜 두려워할까요? 사람들의 평가에 대한 두려움일까요?

평가와 불이익에 대한 두려움이지요. 선택을 해서 그것이 좋은 결과를 가져온다면 아무 문제가 없습니다. 문제는 그 선택이 안 좋은 결과로 이어졌을 때 이를 실패로만 바라보고 온전히 그 개인에게만 책임을 돌린다면 우리는 두려울 수밖에 없습니다. 아무것도 하지 않는 것보다 결과를 떠나 무엇이라도 노력해보는 태도가 인정받는 문화가 자리 잡아야 변화와 혁신이 가능합니다.

잘 하는 사람이 칭찬받는 것은 당연하지만 잘 못한 사람이 비난받는 것은 당연한 게 아닙니다. 같은 실수나 잘못을 반복한 경우가 아니라면 위로와 격려를 받는 문화가 필요합니다. 격려란, 잘했기 때문에 따라오는 게 아니라 더 잘할 수 있다는 가능성에 기반을 두는 것입니다. 하지만 우리 사회의 관용이 부족하기 때문에 많은 이들은 아무것도 선택하지 않고 가만히 있게 됩니다. 점점 수동적이고 의존적이게 됩니다. 개인적으로나 사회적으로나 실수나 실패에 대해 관대해져야 합니다. 적어도 초기에는 안 좋은 결과에 대해 격려받을 수 있고, 다시 시도할 수 있는 기회가 좀 더 주어져야 하죠. 그럴 때만이 우리는 보다 좋은 선택과 시도를 할 수 있게 됩니다.

'뭘 하고 싶은지 모르겠다', '이 사람과 연애를 하는 게 맞는 건지 모르겠다'는 고민은 자기 자신에 대해서 잘 모른다는 맥락에서 비롯되지 않았을까요?

본질적으로 그렇습니다. 결국은 자기이해에 대한 문제에서 출발하는 겁니다. 다시 말해, 우리가 선택을 하려면 '우선순위'라는 게 있어야 됩니다. 우리가 선택을 못하는 것은 가치기준이 없어서가 아니라 너무 많아서입니다. 예를 들어 어떤 사람이 카메라를 구입하는 데 가격도 중요하고 품질도 중요하고 디자인도 중요하다고 해봅시다. 이런 식으로 중요한 기준이 수평적으로 나열돼 있으면 사실상 우선순위가 없는 거죠. 그러면 판단하기가 어렵습니다.

자기이해가 잘 되어 있다는 것은, 자기 자신이 가지고 있는 가치와 기준들이 수평이 아니라 수직으로 배열돼 있다는 것을 의미합니다. 나에게 뭐가 더 중요하고 뭐가 덜 중요한지, 이것이 수직적으로 배열돼 있어야지 선택할 수 있습니다. 과거에 비해 선택지들은 많이 늘어났고, 그에 따른 가치기준도 늘었습니다. 가치와 기준들을 수직적으로 재배열하지 않는다면 선택은 더더욱 어려워질 수밖에 없습니다.

그간 내가 왜 마트의 대형 진열대 앞에만 서면 머릿속이 하얘지면서 차라리 선택의 여지가 없었던 구멍가게 시절을 그리워했는지 알게 됐다. 그야말로 나에게 가격도 중요하고, 품질도 중요하고, 디자인도 중요했던 거였다! 선택에 어려움을 겪는 문제가 자기이해의 부족에서 비롯될 수 있다는 점을 깨닫자, 자기이해에 대해 더 궁금해졌다.

문요한

자기 자신을 이해한다는 것은 자신이 중요하게 생각하는 가치들을 수평적 배치에서 수직적 배치로 전환하는 것인가요?

그렇습니다. 그러나 그것이 자기이해의 전부는 아닙니다. 저는 자기이해에 있어 네 가지가 중요하다고 봅니다. 첫 번째, 자기이해는 자신이 무엇을 좋아하고 싫어하는지 아는 것입니다. 이것은 욕구에 대한 이야기입니다. 두 번째는 자신이 무엇을 잘하고 못하는지, 즉 나의 강점과 약점을 아는 것입니다. 세 번째는 가치에 대한 이야기로, 자신에게 무엇이 더 중요하고 덜 중요한지 아는 것입니다. 네 번째는 자기비판적 사고입니다. 메타인지라고도 하죠. 우리는 사실 알고 있다고 생각은 하지만, 제대로 알고 있지 못하는 게 많거든요. 내가 무엇을 알고 있고, 무엇을 모르고 있는지를 스스로 알려면 자기 자신에 대한 비판적 사고가 있어야 합니다. 안다고 넘어가는 게 아니라 계속 물어야 합니다. '이것이 정말 내가 하고 싶은 것인가? 무엇이 나의 강점인가? 이것이 나에게 중요한가?' 같은 자기비판적인 질문을 거듭하고 삶에 경험이 더해지면 자기이해가 깊어집니다.

요즘 젊은이들이 과거 젊은이들에 비해 자기이해도가 떨어지나요?

그런 면도 있고 아닌 면도 있다고 생각합니다. 나의 욕구, 가치, 강점 등을 아는 것은 혼자 머리를 싸매고 고민한다고 해서 알 수 있는 게 아니거든요. 경험과 관계를 통한 이해가 중요하죠. 그런데 어릴 때부터 다양한 경험과 관계보다는 인지교육 위주로 과잉학습이 이루어지고 있기 때문에 자신을 이해할 수 있는 기회가 제한적입니다. 그래서 과거보다 경험과 관계를 통한 자기이해의 폭이 더 줄어들었다고 봅니다.

그렇지만 지금 이 시대는 자기이해가 점점 더 중요해지고 있습니다. 결국 다원화된 사회로 가고 있기 때문에 자기 자신을 이해하지 않고서는 이 사회에 적응하고 살아가기가 쉽지 않거든요. 예전에 비해 자기이해의 필요성이 높아지기에 갈수록 심리학이 각광을 받을 수밖에 없습니다. 즉, 자기이해의 필요성이 높아지며 상대적으로 자기이해가 부족해 보일 뿐이지, 점점 나아질 거예요. 이제 앞으로는 '자기를 공부하는 시대'가 될 것입니다. 그것은 젊은이들만의 과제가 아니라 남녀노소 모두에게 해당되죠. 인생 백 세의 시대에 삶은 단수가 아니라 복수입니다. 이제는 자신이 어떤 '일'을 원하는지 고민할 게 아니라 어떤 '일들'을 원하는지 고민해야 합니다.

젊은이들이 자신에 대해 잘 모르는 이유가 부모들의 과잉양육 속에서 자율성 없이 자라서일까요, 성적, 입시 위주의 교육환경에서 공부기계로만 자라도록 강요당해서일까요? 부모 개인의 양육 문제일까요, 아니

면 사회구조적 문제일까요?

둘 다입니다. 어떤 부모들은 '이것 입어라', '저것 입어라' 하며 아이 옷을 다 골라주고 입혀주기도 합니다. 그러나 자율성의 발달을 위해서는 쌀쌀한 날씨에 아이가 얇게 입고 나가겠다고 하더라도 허락할 수 있어야 합니다. 스스로 추워서 고생을 해봐야 '아~ 날씨가 이렇게 바뀌는구나! 날씨를 확인하고 그에 맞는 옷을 입어야 되는구나!'라는 걸 깨칠 수가 있기 때문이죠. 스스로 생각하고 판단하고 선택하고 되돌아볼 수 있는 기회 자체가 차단되어 있으면 자율성은 자라지 못합니다. 입시 위주의 교육환경은 더 말할 것도 없죠. 부모가 보기에 설사 잘못된 선택이고 후회할 행동이라 하더라도 치명적이거나 중요한 것이 아니라면 용인할 수 있어야 합니다.

과잉양육이 심해진 이유는 무엇일까요?

한국은 원래 3대가 같이 살던 대가족 문화에서 현대의 핵가족 문화로 빠르게 변화해왔습니다. 옛날에는 자녀의 수가 적어야 3~4명이었고, 엄마 대신 위 형제들이 밑의 동생들을 돌보는 일이 허다했죠. 그런 사회에서 과잉양육이라는 말 자체가 있을 수 없었습니다. 오히려 돌봄이 부족했죠. 그러나 사회가 급격히 핵가족화되고 자녀가 1~2명이 되면서 과잉양육이 생겨나기

"스스로 생각하고 판단하고 선택하고 되돌아볼 수 있는 기회 자체가 차단되어 있으면 자율성은 자라지 못합니다."

시작했습니다.

이는 우리나라만의 문제가 아닙니다. 미국에도 헬리콥터 맘이 있습니다. 다만 우리나라가 심한 이유는 우리 사회의 과잉 경쟁으로 인한 '불안' 때문입니다. 사실 많은 부모들은 아이를 정말 훌륭하게 키워야겠다는 마음으로 과잉양육을 하지 않습니다. '뒤처지면 안 된다', '살아남게 해야 한다'는 불안감으로 과잉양육에 내몰리고 있죠. 불안에 대처하는 가장 많은 방어기제가 '과잉행동'이니까요.

우리가 언제부터 이렇게 뒤처지는 것에 대한 불안이 심해졌을까요?

우리의 뇌는 세 단계를 거쳐 발달한다고 해요. 첫 번째는 파충류 수준의 뇌, 두 번째는 포유류 수준의 뇌, 마지막으로 영장류 수준의 뇌입니다. 태어나자마자 발달하는 파충류 수준의 뇌는 뇌의 가장 하층부로 생존 자체가 중요합니다. 이 단계는 살아남는 것이 중요하죠. 본능적으로 행동하고 스트레스를 받으면 도망치고 싸우고 혹은 얼어붙는 원시적인 대응이 지배를 합니다.

그에 비해 포유류 수준의 뇌는 사회성이 중요합니다. 이 단계에 들어가면 본능을 조절할 줄 알고 사람들과 어울립니다. 스트레스를 받아도 싸우거나 도망치기보다는 사람들을 만나 위로를 받으려고 하죠. 세 번째인 영장류 수준의 뇌는 뇌의 상층부인 대뇌피질로 이성, 도덕, 의미를 추구합니다. 스트레스를 받아도 즉각적으로 반응하거나 위로받으려고 하기보다는 스트레스의 원인을 살펴보고 그 상황에서 가능한 대응을 하려고 하죠.

이렇게 인간의 뇌 발달은 생존에서 시작해서 사회성 그리고 이성의 순서대로 발달합니다. 성숙할수록 생존모드가 줄어들고 관계, 이성이 더 발달합니다. 그런데 사람이 트라우마를 입으면 뇌 발달이 생존모드에 머무르거나 퇴행합니다. 스트레스에 취약해져서 다른 사람과 어울리거나 이성적으로 고민을 하는 게 아니라, 도망치거나 싸우거나 얼어붙는 원시적인 반응으로만 행동을 하게 되죠.

이것은 한 개인에 국한된 현상이 아닙니다. 사회 전체로 확대할 수 있습니다. 각 사회마다 위기 대처 능력이 다릅니다. 우리나라의 근현대사는 안타깝게도 집단적인 트라우마들로 점철되어왔습니다. 그 트라우마가 제대로 해결되지 못한 채 외형적인 경제발전만 이루어져왔죠. 일제강점기, 한국전쟁뿐 아니라 IMF 사태, 근간에는 세월호라는 트라우마 등이 있습니다. 그 트라우마가 치유되지 못했기에 우리 사회는 마치 파충류 수준의 뇌처럼 생존모드만 발동되고 있습니다. 자기 살아남기에만 정신이 없는 것이죠. '나 자신은 내가 책임질 수밖에 없구나!', '아무도 나를 도와줄 수 없구나!'라는 생각이 팽배해 있습니다.

집단 트라우마가 제대로 치유되고 심리적 안정성이 회복되어야 사회성, 도덕, 관용, 이성이 발달할 수 있습니다.

과잉불안 시대에 어떻게 하면 행복하게 살 수 있을까요?

정답이 있는 게 아니라, 자기이해가 굉장히 중요한 것 같습니다. 행복에 이르는 수만 가지 길이 있기 때문에 자기 자신의 행복이 무엇인지를 찾아가는 과정이 필요합니다. 자기이해가 잘되어 있는 사람은 자신의 행복의 기준과 조건에 현실적으로 접근 가능합니다. 그에 비해 자기이해가 안 되어 있는 사람들은 너무나 비현실적인 기준과 조건을 가지고 있거나 자기에게 잘 안 맞는 자아 이질적인 기준과 조건을 가지고 있습니다. 마치 말을 잘 못하는 사람이 남 앞에서 말을 잘 해야만 자신을 사랑하겠다고 생각하거나 실제 음악에 소질이 없는 사람이 자꾸 악기를 잘 다루는 사람이 되겠다고 애쓰는 것과 비슷하죠. 아무리 좋은 신발이라도 자신의 발에 안 맞는다면 무슨 필요가 있겠습니까?

행복은 애쓰는 게 아니라 좋은 경험 그 자체에 있습니다. 그렇다면 좋은 경험이란 무엇일까요? 그것은 행위의 보상이나 결과와 상관없이 그 행위 자체가 나에게 기쁨을 주는 것을 말합니다.

그걸 라틴어로 '오티움ōtīum'이라고 합니다. 능동적인 여가를 말하죠. 좋은 여가는 아무것도 하지 않는 것이 아니라 내 영혼이 기뻐하는 활동을 하는 것입니다. 이 오티움은 사람마다 다 다릅니다. 어떤 사람은 동식물을 키우는 것일 수도 있고, 어떤 사람은 바이크를 타는 것일 수도 있고, 어떤 사람은 암벽 등반일 수도 있고, 어떤 사람은 신앙생활이나 심리학 공부일 수도 있습니다. 오티움을 발견한 사람은 자기 세계를 갖게 된 것이지요. 누군가와의 관계를 통해서 기뻐하는 것이 아니라 스스로 기뻐할 수 있는 능력을 터득하게 된 것입니다. 자기 세계를 형성하게 되면 삶의 고통이나 권태, 불행을 겪었을 때 스스로가 스스로를 위로할 수 있습니다.

만일 어떤 사람의 일이 너무 고달프다고 해봅시다. 그 사람에게 오티움의 활동은 오히려 스트레스가 될까요? 아니면 고달픈 삶의 위안이 될 수 있을까요? 후자겠죠. 오티움은 그 활동 자체로 즐거움을 주기 때문입니다. 오티움은 어른의 행복에 있어 가장 중요한 요소이기도 합니다. 아이는 관계에서만 행복을 느끼지만 어른은 관계뿐 아니라 자기 세계를 통해서도 행복을 느끼거든요. 오티움은 내일이 아닌 오늘의 행복이며, 물거품 같은 쾌락이 아니라 기쁨과 의미를 동시에 만족시키는 진정한 행복입니다.

많은 사람들이 중년의 위기를 느끼는 까닭은 열심히 살아왔지만 정작 자신의 인생이 없기 때문입니다. 오티움은 바로 잃어버린 자신을 되찾는 과정입니다. 그렇기에 오티움을 찾으면 중년의 위기를 잘 극복하지만, 오티움을 찾지 못한 사람들은 아무리 외적으로 성공했더라도 중년의 위기를 심각하게 겪을 수밖에 없습니다. 중독, 외도, 우울증 등 여러 문제에 시달리게 되죠.

돈이나 명예는 오티움이 될 순 없나요?

돈이나 명예는 보상이자 결과입니다. 물론 사업 자체가 나에게 즐거움을 준다면 그것은 오티움이라고 할 수도 있겠지요. 그러나 그걸로 돈을 벌 때만 좋고 돈을 잃을 때는 불행이라고 느낀다면 오티움이 아닙니다. 오티움은 보상과 결과 이전에 그 과정에서 느끼는 즐거움이나 기쁨이거든요.

자율성의 정의와 핵심 요소는 무엇인가요?

자율성이란 스스로 살아가는 힘입니다. 좀 더 구체적으로 말하면, 스스로 생각하고, 스스로 선택하고, 스스로 책임지는, 삶의 의지와 태도가 자율성입니다. 그것은 인간만의 것이 아닙니다. 큰 범주에서 보면 모든 동물은 의존적인 삶에서 출발하지만,

결국은 그런 보살핌과 의존 상태에서 벗어나 독립을 합니다. 동물들은 적어도 자신의 생각과 경험에 갇혀 스스로의 생명력을 부정하지는 않죠. 그 어디에서 태어났든지, 그 어떤 모습으로 시작하든지 간에 있는 힘껏 살아가려고 합니다. 근원적인 생명력을 잃지 않습니다. 다만 인간은 동물과 다르게 생활적인 자율성뿐만 아니라, 가치적 자율성, 정서적 자율성도 가지고 있습니다. 집단의 가치에서 벗어나 자신만의 가치를 추구하는 게 가치적 자율성이라면, 스스로 자신의 마음을 위로하고 돌볼 수 있는 것이 정서적 자율성입니다.

> 정말 그랬다. 동물의 예를 들으니 독립과 자율은 생명의 본질이었다. 인간만이 그 본질적 질서에 반하는 삶을 살고 있었다. 그러나 나는 여기서 우문을 던지고 싶었다. 독립과 자율이 주는 기쁨만큼이나 의존이 주는 달콤함이 갑자기 아쉬워졌다.

평생 의존하면서 자율적으로 살지 않는 삶은 어떨까요?

자율성은 인간의 근원적 욕구입니다. 다만, 그 정도가 사람에 따라 차이가 있을 수는 있습니다. 어떤 사람은 어려서부터 자기 고집이 강하지만 어떤 사람은 순응적입니다. 하지만 그럼에도 불구하고 인간이라면 누구나 자율적인 욕구를 가지고 있습니다. 그것은 수면욕이나 성욕, 식욕처럼 본능적인 욕구죠. 있

"동물들은 적어도 자신의 생각과 경험에 갇혀 스스로의 생명력을 부정하지는 않죠. 그 어디에서 태어났든지, 그 어떤 모습으로 시작하든지 간에 있는 힘껏 살아 가려고 합니다."

어도 그만, 없어도 그만인 성질이 아니라는 겁니다. 예를 들어, 잠을 안 자도 되는 사람은 없습니다. 잠을 자야 살 수 있죠. 자율성도 같습니다. 크고 작은 정도의 차이는 있지만, 기본적으로 어느 정도 발달하고 충족하지 않으면 결국 스스로가 불행해질 수밖에 없고 생존할 수가 없습니다. 어릴 때야 부모가 나를 책임져주고 나를 돌봐주지만, 나이가 들어갈수록 불가능합니다. 두 발로 선 인간은 자율적인 욕구가 충족되지 않으면 행복할 수가 없습니다. 자기 세계를 만들어가지 않으면서 다른 사람을 통해서만 기쁨과 행복을 느낄 수 있는 것은, 어릴 때는 가능했을지 모르지만, 어른이 되면 가능하지 않죠.

어른의 정의는 무엇일까요? 어떤 점을 갖추어야 어른이 되었다고 말할 수 있을까요?

자율성이 핵심입니다. 스스로 생각하고 스스로 결정하고 스스로 책임지는, 자율적인 인간이 어른입니다. 이 중에서 으뜸은 정서적 자율성입니다. 고통을 받을 때 스스로 위로할 수 있고, 고단한 삶 속에서도 스스로 기쁨을 만들어내는 정서적 자율성을 가진 사람이 어른입니다.

문요한

김용태 선생님에게 행복한 부부관계에 대해 물었을 때 답은 독립과 성장이었다. 조선미 선생님에게 자녀를 행복하게 키우는 법을 물었을 때 답은 자녀로부터의 부모의 독립과 성장이었다. 이번엔 문요한 선생님에게 어른이 되는 법을 물었다. 답은 독립과 자율성, 책임 그리고 결과나 보상에 상관 없는 오티움의 발견이었다. 어른이 되는 법이나 부부가 되는 법, 부모가 되는 법이 서로 멀리 있지 않았다. 그것은 하나였다. 마치 진리가 하나인 것처럼.

행복을 묻는 당신에게

왜 자존감이 우선인가

스포츠 스타들의 멘탈 코치

조수경 ─── 스포츠심리연구소장

2012년 런던올림픽 예선에서 실격 처리를 당한 뒤 판정 번복을 통해 은메달을 따낸 박태환 선수에게 계속 전화 통화를 하며 마음을 다잡아준 멘탈mental 코치가 있었다. 런던올림픽에서 슈즈가 벗겨졌지만 당황하지 않고 끝까지 공연을 마무리한 손연재 선수에게도 오랫동안 위기극복 능력을 키워준 멘탈 코치가 있었다. 극도의 긴장 속에서도 표정의 변화가 없어 '침묵의 암살자'로 불리며 미국 메이저대회에서 승승장구하는 박인비 선수 역시 자신의 성공 비결에 대해 "매주 멘탈 코치와 상담한 것이 좋은 성적을 내는 데 큰 영향을 줬다"고 밝혔다.

이들이 언급한 '멘탈 코치'는 누구일까? 박태환 · 박인비 · 손
연재 · 양학선 · 유소연 등 스타 스포츠 선수들을 비롯해 200여 명
의 선수들의 멘탈을 책임져온 스포츠심리상담가 조수경 박사이다.
아무도 '스포츠심리상담'이라는 단어를 입에 올리지 않던 2008년
'국내 개업 1호'로 연구소를 차린 조수경 박사는 이제 선수 개인뿐
아니라 각종 스포츠협회와 국가대표 스태프진의 협조 요청까지 물
밀듯이 밀려들면서 눈코 뜰 새 없이 바쁘다.

스포츠심리연구소장 조수경

이화여자대학교 체육학과를 졸업하고 동 대학원 스포츠심리학 석사 과정 후 보스턴대학교에서 스포
츠심리상담 석사 과정을 밟은 뒤 이화여자대학교에서 스포츠심리학으로 박사 학위를 받았다. 보스턴
의 셀틱스 농구구단, 레드삭스 야구구단 등에서 인턴십을 하면서 스포츠심리상담의 이론과 실제를
두루 경험했으며, 현재 서울시립대학교 겸임교수 및 조수경 스포츠심리연구소장으로 일하고 있다.

인생은 크고 작은 시험과 경쟁의 연속이다. 10대는 대입을 목표로 달리고, 20대는 취업을 목표로 달리고, 30대는 승진을 목표로 달리고, 40대는 자녀의 대입을 목표로 달려간다. 긴 준비 시간과 짧은 시험이 연속적으로 반복된다. 운동선수는 직업상 그 한 번의 시험을 남들이 보는 앞에서 더욱 자주 치러야 한다. 그들은 어떻게 불안과 긴장을 다스리며, 실패의 결과로부터 어떻게 마음을 추스르며 다음 준비를 할 수 있는 걸까? 그들의 노하우를 알게 된다면 일반인들에게도 큰 도움이 될 것 같았다. 조수경 스포츠심리연구소장을 찾은 이유다.

상담은 주로 경기 전에 집중적으로 이뤄지나요? 아니면 평소에 이뤄지나요?

모든 선수가 1년씩 상담 계약을 합니다. 상담 초기에 정밀심리 검사를 통해 한 선수로서 또한 한 사람으로서의 면밀한 심리상태를 파악한 뒤 1년간의 멘탈 트레이닝 프로그램을 짜는데, 반드시 주 1회 대면 상담이 원칙입니다. 만약 해외 경기에 참가 중이라면 영상 상담을 합니다. 어떤 시합의 경우는 선수가 원하거나 상담가가 필요하다고 판단되면, 유럽이든 미국이든 함께 가서 시합 전부터 마친 후까지 매일 만나서 멘탈 트레이닝을 하며 함께 지냅니다. 꼭 시합에 함께 갈 필요가 없을 때는 전화 상담이나 영상 상담을 통해 자주 연락을 주고받습니다.

선수들에 대한 상담으로 목표하는 바는 무엇인가요? 자신감 향상인가요? 아니면 불안 해소인가요? 혹은 집중력 향상인가요?

자신감 향상, 불안 해소, 집중력 향상, 위기극복 능력, 회복탄력성 등이 강한 멘탈을 위한 다양한 요소입니다. 이들 중 개인에 따라 특히 강한 것이 무엇인지 인지하고 감사한 마음으로 유지하게 하고 약한 것은 스스로 강화할 수 있도록 길을 인도하는 것이 목표입니다.

심리검사 결과를 보고 선수 자신이 스스로에 대해 깊이 있게 생각하고 자신을 이해하는 시간을 통해 먼저 할 것과 나중에 할 것을 의논해서 목표를 설정합니다. 하지만 이것은 단기적 목표입니다. 즉, 긴장과 불안 등에서 벗어나서 시합을 할 수 있게 만드는 경기력 향상은 단기적 목표라는 거죠. 인생에서 선수에게 시합 시간은 굉장히 짧습니다. 선수들은 선수로 살아가는 시간보다 사람으로 살아가는 시간이 훨씬 길기에 어떤 선수로서보다 어떤 사람으로서 시합을 준비하느냐가 굉장히 중요한 거죠.

그래서 시합 안에서만의 멘탈이 아니라, 시합 밖에서 사람으로서 갖춰야 할 멘탈을 강화시킴으로써 시합에서의 멘탈을 강화시키려 합니다. 마음이 행복하면 시합을 잘 준비할 수 있습니다. 그래서 행복한 선수, 행복한 사람이 되는 걸 장기적인 목표로 합니다. 저는 선수 앞에서 "나는 당신을 우승시키거나 금메달을 따게 하려고 여기 앉아 있는 게 아니다. 나는 운동하는 기계를 별로 좋아하지 않는다. 결국은 당신이 행복한 선수, 행복한 사람이 되게 하기 위해 여기에 있다"라고 말씀드리고 상담을 시작합니다.

> 깜짝 놀랐다. 스포츠상담의 목표가 긴장과 불안을 잠재우고 경기력을 향상시키는 게 아니라 행복한 사람이 되게 하는 것이라는 건 상상도 하지 못했다.

그럼 경기의 승패와 상관없이 행복한 선수, 심지어 경기에 실패하더라도 행복한 선수로 살아가게 만드는 게 목표라는 건가요?

철저히 그렇습니다. 승부와 전혀 상관이 없습니다. 선수가 스스로를 위해 시합 계획을 기대와 설렘으로 치밀하게 계획하고 목표를 향해 성실과 진정을 한껏 쏟아부었다면 최선을 다한 자신을 진심으로 자랑스럽게 바라볼 수 있는 능력이 생깁니다. 그건 세상이 만들어놓은 순위가 어떻든 간에 자신보다 중요하지 않기 때문이죠. 순위는 자신에게 최선을 다 한 후 돌아오는 선물이지, 그 순위가 목표는 돼서는 안 된다고 말합니다.

성적이 뛰어나지만 시합 준비와 시합을 고통스럽게 느끼는 선수보다, 성적이 좋지 않아도 시합을 준비하는 과정과 시합하는 순간을 행복하게 느끼는 선수가 더 낫다는 말씀인가요?

훨씬 더 낫죠. 그리고 그렇게 하는 것이 제 의무이고요. 선수들이 특출난 기술을 가졌든 안 가졌든 상관없이, 선수 자신이 당당하게 어깨를 펴고 스스로에게 최선을 다했다고 이야기할 수 있는 멘탈을 이끌어내어주는 것입니다.

선수들의 나이는 대체로 10~20대예요. 인생의 초창기를 살아가는 사람들이죠. 선수들에게 자신들이 가지고 있는 것이 얼마나 소중하고 풍성한지를 스스로 느끼게 하고 자신의 인생에서 신명남을 경험할 수 있게 만들어주는 것이 저의 의무이자 사명입니다.

가난하건 부자이건 실력이 특출나건 그렇지 않건, 자신의 존재를 진심으로 중요하게 생각하고 살 만한 가치가 있다고 느끼도록 자존감을 향상시키는 데 심혈을 기울이고 오랫동안 끊임없이 트레이닝시킵니다. 실패의 경험이 강하고 반복적인 시기에 부정적인 생각과 우울한 심리 상태를 지니고 온 선수라 할지라도, 멘탈 트레이닝을 통해 자기 자신을 사랑할 수 있는 선수로 만드는 것이 목표입니다. 자존감이 행복한 선수와 직결되는 요소이자, 내면의 가장 밑바닥에서 건재해야 되는 요소이기

조수경

"자신의 존재를 진심으로 중요
하게 생각하고 살 만한 가치가
있다고 느끼도록 자존감을 향
상시키는 데 심혈을 기울이고
오랫동안 끊임없이 이를 트레
이닝시킵니다."

에 가장 심혈을 기울입니다.

이와 같은 멘탈 코칭 철학에 동의하지 않는 선수도 있지 않나요?

지금까지 동의를 하지 않은 선수는 없었어요. 연구소 초창기에 '행복한 선수', '행복한 사람'을 얘기했을 때 '그게 성적과 상관이 있나?'라는 반응이 있기도 했었죠. 그런데 저와 함께 한 선수들이 인간적으로 성장하고 더불어 성과도 내다 보니 지금은 제 철학을 비롯한 멘탈 코칭이 신뢰를 얻고 있습니다.

성격이 급한 선수가 있다고 가정해봅시다. 그 선수에게 "너는 성격이 급하니까 여유를 가져!"라고 100번을 얘기해본들 여유는커녕 조급한 마음을 더 강하게 느끼며 급기야 불안에 이르게 됩니다. 이런 선수가 시합에서만 여유를 가질 수 있게 하는 방법은 없습니다. 평소에 여유가 있는 사람이 되어야만 시합에서도 여유를 가질 수 있거든요. 선수들이 "시합에서 이런 문제는 어떻게 해결할 수 있을까요?"라고 찾아오는데, 시합에서 해결할 수 있다고 알고 있는 다양한 방법들은 일시적이니 가장 좋은 해결 방법은 "당신이 평소 그런 사람이 되어야 한다"고 말해줍니다. 그래서 멘탈 코칭은 장기적으로 해야 합니다.

조수경

선수들이 주로 호소하는 심리적 고통은 불안인가요?

시합이라는 경쟁 상황 자체가 기본적으로 긴장과 불안을 동반합니다. 누구나 100미터 달리기 출발선에만 서도 가슴이 두근거리잖아요. 그 다양한 느낌으로 다가오는 긴장과 불안을 즐길 준비가 되어 있지 않으면 선수 생활을 안 하면 됩니다. 선수로 살아가려고 하는 이상, 이 긴장과 불안을 잘 들여다보고 견디며 이겨내는 희열로 연결시켜 맛볼 수 있어야 하죠. 그래서 긴장과 불안은 나쁘고 피해야 되는 것이 아니라, 친구처럼 항상 같이 가야 한다고 가르칩니다.

선수들의 불안은 어떻게 달랠 수 있나요?

스포츠심리학에서 가장 효과적이라고 검증된 방법 중 하나가 '루틴'입니다. 박태환, 박인비, 손연재, 양학선, 이상호 등 어떤 종목의 선수들이든 루틴을 만들고 나서 기록을 계속 냈죠. 루틴이란, 시합 당일 눈을 떠서 시합장에 가기까지 또 시합장에서 대기할 때부터 시합에 임하고 시합을 마칠 때까지 촘촘히 짜인, 자신을 가장 자신다울 수 있도록 도와주는 행동과 생각의 일정표입니다. 예를 들어 눈을 떠서 가장 먼저 명상을 하고, 대기실에 도착하자마자는 스트레칭을 하고, 시합장에 첫발을 디딜 때는 특정 생각을 하는 등 루틴이 다 정해져 있습니다. 멘탈 코치가 선수의 경기를 세밀히 관찰해서 그 선수의 집중력을 가장 잘 이끌어낼 수 있는, 각자에게 맞는 고유한 루틴routine을 연구하여 만들어줍니다. 불안이나 긴장이 높아지면 행동이 평소와 달라지거든요. 표정과 눈빛은 물론이고, 자세까지 달라지기 때문에 경기력에 방해되는 요소들은 제거하고 경기에 도움이 되는 행동과 생각을 강화한 것이 루틴입니다. 루틴이 있으면 아무리 불안해도 그 순서만 따르면 되기에 심리적 안정감을 주죠.

루틴이라는 방법은 '수능' 같은 큰 시험을 앞둔 학생에게도 도움이 될 거 같습니다.

시합 불안과 시험 불안은, 몸을 움직이고 안 움직이는 차이만 있지 평가와 인정을 받아야 하는 틀에서는 본질적으로 같은 불안입니다. 그래서 수능을 앞둔 친구 자녀들에게 루틴을 만들어주어 효과를 많이 보기도 했어요. 학생마다 시험 문제를 잘 푸는 패턴이 있거든요. 평상시에는 이 패턴대로 시험지를 풀고 모르는 문제가 나오면 그냥 넘어가는데, 긴장하면 경직되고 머리가 하얘져서 모르는 문제가 나오면 넘어가지 못하고 붙들고 있다가 아는 문제도 터무니없이 모르는 문제로 인식하는 경우가 있어요. 시험 문제는 어떤 순서대로 풀고, 모르는 문제가 나왔을 때는 어떻게 하고 등의 루틴만 정해줘도 큰 시험을 치를

조수경

때 불안을 제어하는 데 굉장히 큰 도움이 되죠.

실력 발휘를 잘 하는 유명 스포츠 선수들이 그렇지 않은 선수들이나 일반인들과는 차별되는 심리적 상태가 있나요? 보통 사람들보다 승부욕이나 자신감이 강하다거나, 불안감이 보통 사람보다 적고 대범하다든가 하는 특징이 있나요?

일반인과 특별히 다르다고 보지 않습니다. 박태환, 박인비, 손연재, 이상호 선수 등도 이 지구상의 모든 사람들처럼 무한한 잠재력이라는 그릇에 자신만의 선천적으로 타고난 멘탈을 품고 있습니다. 그 선수가 가지고 있는 타고난 선천적 멘탈을 각자가 처한 환경인 수영에 맞게, 골프에 맞게, 리듬체조에 맞게, 스노보드에 맞게 멘탈 트레이닝을 시키고, 시합에서 자신이 목표로 한 후회 없는 최고 수행을 한 뒤 행복한 선수라고 느끼도록 연결시킬 수 있는 능력을 가진 선수로 거듭나게 한 것이죠. 경쟁이라는 혹독한 상황을 멘탈 트레이닝과 함께 오랜 시간 거치면서, 실패는 실패가 아니고 승리는 승리가 아니며, 언제든지 승리할 수 있고 언제든지 실패할 수 있는, 자신이 거쳐야 하는 과정임을 자연스럽게 받아들이게 된 것이고요. 진심으로 이러한 마음이 생길 때 자연스럽게 스포츠를 즐길 수 있게 됩니다. 이는 한 인간으로서의 성장과 성숙을 도모하는 결과로 귀결되

"실패는 실패가 아니고 승리는 승리가 아니며, 언제든지 승리할 수 있고 언제든지 실패할 수 있는, 자신이 거쳐야 하는 과정임을 자연스럽게 받아들이게 된 것이고요. 이는 한 인간으로서의 성장과 성숙을 도모하는 결과로 귀결되는 것이죠."

는 것이죠.

선수의 심리와 경기 성과와는 어떤 상관관계가 있나요?

과학적으로도 증명이 되었고 경험적으로도 심리와 결과는 정비례합니다. 특히 골프 선수들은 "멘탈이 경기 성과 70~80퍼센트"라고도 말합니다. 즉, 아무리 열심히 훈련을 했다 하여도 시합 당일의 심리, 시합 순간순간 지금 현재의 심리가 어떠냐에 따라 결과는 극단적으로 갈릴 수 있습니다. 특히 톱 클래스의 선수들 사이에선 더욱 그렇습니다. 기술력, 체력, 체격의 차이가 백짓장 차이이기 때문에 꼭대기로 올라갈수록 심리가 관건이죠.

경기 성과에 영향을 미치는 가장 중요한 심리적 요소는 무엇인가요?

위기 극복 능력을 중요하게 생각합니다. 손연재 선수는 올림픽에서 공연 도중 슈즈가 벗겨졌는데도 전혀 벗겨지지 않은 것처럼 마지막까지 주어진 동작을 다 했습니다. 그 시점에서 선수가 움찔하고 긴장하고 부정적인 생각을 했다면 동작이 확 틀어지죠. 시합에서 위기는 늘 있을 수 있습니다. 몇천 가지, 몇만 가지 변수가 있을 수 있어요. 내가 예상하고 예측한 변수가 아닌 상황이 얼마든지 나올 수 있거든요. 어떤 선수가 슈즈가 벗겨지는 상황을 예상할 수 있겠어요? 예상하지 못한 상황이 발생할 때마다 백짓장이 되면 안 되기 때문에 그런 위기상황이 발생해도 아무렇지 않게, 마치 위기가 위기가 아닌 것처럼 그다음 행동이 정확하게 나오게 하는 게 스포츠에선 가장 중요합니다. 이러한 각본 없는 드라마인 시합에서 후회 없이 자기가 훈련한 것을 100퍼센트 발휘하고 시합을 끝내게 하는 것이 중요한데 이를 위해 루틴도 만들고 멘탈 트레이닝도 하는 거죠.

> 놀랍게도 인생도 마찬가지다. 많은 심리학자들이 '좌절내구력', '고통 감내력', '회복탄력성'을 중요하게 얘기하는 이유다. 인생의 예기치 못한 불행이나 고통을 넘길 수 있는지, 또 어떻게 넘기는지가 인생을 크게 좌우한다. 인생의 고통이나, 시합의 위기는 '변수'가 아니라 '상수' 이기 때문이다.

경기 전에 상담이 목표하는 바와 경기 후에 상담이 목표하는 바는 다를 거 같습니다. 예를 들어 경기 전에는 선수들의 불안감을 중요하게 다룬다면, 경기 후에는 허무감이나 좌절감, 우울감 등을 다뤄야 하지 않을까 예상되는데, 실제로 그런가요?

경기 전과 후의 멘탈의 목표가 다르고 안 다르고는 중요하지 않습니다. 물론 누구나 금메달을 따고 우승을 하는 시합을 바라겠지만, 선수 자신이 평가하기에 아쉬움은 있어도 후회가 없

조수경

는 시합을 했다면 100점인 거죠. 예측하지 못한 변수로 위기가 발생하고 실수를 했어도 말입니다. 자신이 만족스러운 시합을 했을 때는 거의 대부분 성적도 좋습니다. 그런데 성적이 나쁠 때도 만족스러운 시합 과정을 거쳤으면 만족할 줄 아는 선수로 만드는 게 저의 멘탈 코칭의 목표입니다. 결과에 휘둘리지 않고 그 과정에서 얼마나 계획적으로 혼신의 힘을 담아 성실하게 임하며 거기에 가치를 둘 수 있는 마인드, 이게 진정한 멘탈이죠. 이런 큰 줄기에서 시작해서 구체적으로는 시합에서 사용할 자기만의 멘탈 기법까지 연결해서 노력에 대한 정당한 대가가 무엇인지를 진심으로 느낄 줄 아는 행복한 선수, 행복한 사람을 만드는 게 목표입니다.

그런데 금메달을 따고도 우울감을 느끼는 선수도 있나요?

네, 금메달을 땄는데 3개월 뒤에 또 큰 대회가 있으면 또 금메달을 따야 한다는 압박감이 자연스럽게 생기죠. 이 자연스러운 압박감이 긍정적이기보다는 부정적인 생각을, 합리적이기보다는 비합리적인 생각이 쏟아져 나올 때 감정적, 정서적으로까지 부정적인 영향을 받게 됩니다. 성적이 좋지 못할 때는 "그냥 신나게 하고 오면 돼" 또는 "밑져야 본전이야"라는 마음이 들 수 있는 반면, 금메달을 따고 나면 "성적이 떨어지면 어쩌지?", "진짜 이상한 상황이 생겨서 이상한 퍼포먼스를 하면 어쩌지?" 등과 같이 일어나지도 않은 일에 대한 부정적 생각이 많아질 가능성 높습니다. 여기서 중요한 것은 이러한 모든 상황을 마주하는 방법을 터득하는 것입니다.

"반드시 이겨야겠다"는 승부욕이 경기 성과에 좋은 영향을 미치나요? 아니면 "이겨도 되고 져도 괜찮다" 하는 편안한 마음이 경기 성과에 좋은 영향을 미치나요?

톱 클래스 선수들이 물어요. 어떤 마음가짐이어야 경기를 잘 치르는지. 저는 그 선수들에게 시합 당일에 드는 마음을 잘 느끼고 인정하며 시합을 준비하는 게 정답이라고 말하죠. 인위적으로 특정한 마음을 만들지는 말라고 합니다. 편안한 마음이 먹어지면 편안한 마음으로 준비하고, 승부욕이 불타면 그 마음으로 준비를 하되 자신의 적정 수준으로 해나가는 방법을 터득하게 합니다. 가장 하기 쉬운, 그렇지만 쉬워서 허투루하는 '호흡법'을 통해 적정 수준으로 만드는 멘탈 기법도 좋은 방법입니다. 무엇보다 현재 자신이 하고자 하는 모든 것에 믿음을 실어주는 것이 중요합니다. 그 순간만큼은 자신이 결정한 것을 확신하는 마음으로 믿고 따라주었다면 그것이 곧 자신이 할 수 있는 최선이었다고 당당하게 말할 수 있죠.

조수경

경기력 향상을 위한 불안 해소법, 집중력과 자신감 향상 등 선수에게 필요한 멘탈 강화법을 묻기 위해 조수경 선생님을 찾아갔지만, 돌아온 답변은 예상치 못했던 '행복'과 '자존감'이었다. "선수에게 시합 시간은 굉장히 짧고 선수로 살아가는 시간보다 사람으로 살아가는 시간이 훨씬 긴데, 마음이 행복하면 시합을 잘 준비할 수 있기 때문"이며 "시합 밖에서의 멘탈을 강화하지 않고 시합에서만 멘탈을 강화할 수 있는 방법은 없기 때문"이었다. 일반인들에게나 톱스타 운동선수들에게나, 삶의 본질은 같았다.

행복을 묻는 당신에게

행복에 관한 모든 것

200개의 질문, 하나의 답

행복의 핵심 조건, 관계

1년간 11명의 심리학자와 정신과 전문의들을 만났다. 각각의 인터뷰이들에게 행복에 관한 15~20개의 질문을 던졌으니 총 200여 개의 질문을 던진 셈이었다. 하지만 대답은 하나였다. 바로 '관계'였다. 놀랍게도 정신과 전문의, 정신분석가, 사회심리학자, 진화론적 심리학자 모두 입을 모아 행복의 핵심 조건으로 '관계'를 꼽았다.

약 30년의 역사를 가진 '행복학'이 숱한 실험을 통해 내린 결론도 마찬가지다. '행복학의 대가'라고 불리는 에드 디너Ed Diener 일리노이대학교 교수는 200여 명의 사람들을 설문조사해서 쓴 논문 〈매우 행복한 사람Very happy people〉에서 상위 10퍼센트의 행복한 사람들이 나머지 사람들과 보인 가장 큰 차이가 돈이나 건강, 재산이 아니라 '관계'임을 발표한 바 있다.

즉, 주변과의 관계가 좋은 사람은 스스로를 행복하다고 인식한 반면 관계가 좋지 않은 사람들은 행복하다고 느끼질 못했다.

하버드대학교 의과대학 조지 베일런트George Vaillant 교수의 '하버드 성인 발달 프로젝트'는 1930년대에 하버드대학교에 입학한 268명의 일생을 72년 이상 추적 관찰한 연구다. 성인의 발달과 성장에 관한 최장기 종단연구로 지금까지 진행되고 있는 이 연구 대상자 중에는 존 F. 케네디도 포함돼 있었다. 지능과 학력, 직업, 연봉이 남달랐을 이들은 모두 행복했을까? 이들 중 3분의 1은 행복했지만 3분의 1은 불행했다. 이들 중에도 알코올중독자가 생겨났고, 어떤 이들은 거듭된 이혼과 재산 탕진으로 외롭고 비참한 말년을 보내기도 했다. 행복과 불행을 가르는 관건은 단순했다. 고통에 대처하는 자세와 인간관계였다. 이 연구가 기념비적인 이유 중의 하나는, 생의 마지막 10년을 행복하게 보낼 수 있을지 없을지가 50세 이전에 예측가능하다는 것을 밝혀낸 점이다. 바로 47세까지 형성돼 있는 인간관계가 말년의 행복을 좌우한다는 것이다.

하와이 카우아이 섬 종단연구도 심리학사에 길이 남는 연구 중 하나다. 발달심리학자인 에미 워너Emmy Werner 캘리포니아대학교 교수는 1955년 하와이 카우아이 섬에서 태어난 신생아 833명의 인생을 30년간 추적 조사했다. 당시 카우아이 섬 주민의 대다수가 지독한 가난과 약물중독, 정신적 육체적 질환, 범죄 등에 노출돼 있었다. 연구의 방점은 환경이 인간발달에 어떤 영향을 끼치는가였다. 이들 중 절반 이상은 부모처럼 중독과 범죄의 길로 들어섰지만, 3분의 1은 환경에 발목을 잡히지 않고 건강하게 성장했다. 일부는 좋은 환경에서 자란 이들보다 성적이나 직업에서 더 뛰어난 성취를 이루기도 했다. 이들을 가르는 분기점은 무엇이었을까? 이 연구를 통해 워너 교수는 역경을 이겨내는 힘인 '회복탄력성resilience'이라는 개념을 정리해냈으며, 그 회복탄력성이 강한지 약한지를 가르는 분기점은 바로 신뢰와 사랑을 주고받는 '관계'의 여부라는 것을 밝혀냈다. 나를 지지해주고 믿어주고 사랑해주는 단 한 명의 존재. 그 관계는 역경을 넘어 남다른 성취마저 가능하게 했다. 그 관계는 꼭 부모가 아니어도 조부모이거나 담임 교사이거나 교회 목사, 이웃집 아주머니 등 그 누구여도 상관없었다.

그럼 재산, 학력, 지능, 외모 등의 외적 조건과 행복의 상관관계는 어떠할까? '세계 100대 행복학자'로 꼽히는 서은국 연세대학교 심리학과 교수는 "인생의 여러 조건들, 이를테면 돈, 종교, 학력, 지능, 성별, 나이 등을 다 고려해도 행복의 개인차 중 약 10~15퍼센트 정도밖에 예측하지 못한다. 몇 해 전 한국심리학회에서 한국인의 행복에 대해 조사한 결론도 이와 비슷하다. 행복한 사람과 불행한 사람의 차이는 가진 자와 못 가진 자의 차이가 아니다. 그럼에도 불구하고 행복의 10퍼센트와 관련된 이 조건들을 얻기 위해 인생 90퍼센트의 시간과 에너지를 투자하며 사는 사람들이 많다. 특히 돈을 벌기 위해"라고 말한다. 버트런드 러셀의 말처럼 행복하게 살려고 불행하게 사는 사람들이 너무 많은 셈이다.

물론 재산과 직업, 사회적 지위, 연봉 등의 물질적인 조건이 행복과 전혀 무관하지는 않다. 일정 수준까지는 정비례한다. 바로 먹고살 수 있는 순간까지다. 밥 세 끼를 먹고 아플 때 병원에 갈 수 있고 오늘밤 어디서 자야 할지를 걱정하지 않아도 되는 순간까지 물질적 조건의 영향력은 크다. 노숙을 하고 배를 곯면서 행복을 논할 순 없다. 하지만 생존이 해결되는 순간, 그때부터 물질적 조건의 영향력은 미미해진다. 그때부터는 얼마나 가방끈이 길고 얼마나 많은 재산이 있는지는 행복의 변수가 아니다. 이를 구체적인 수치로 환산해낸 학자도 있다. 하버드대학교 심리학과 교수이자 베스트셀러 《행복에 걸려 비틀거리다 Stumbling on Happiness》의 저자 대니얼 길버트Daniel Gilbert는 연수입 9만 달러(한화로 약 1억 원)까지는 수입과 행복감이 정비례하는데, 그 이상부터는 별 차이가 없다고 말한다. 즉, 10만 달러의 수입을 가진 자와 100만 달러의 수입을 가진 자의 행복도는 차이가 없다는 것이다. 행복경제학자인 이정전 서울대학교 명예교수는 국민소득 2만 달러까지는 소득과 행복도가 비례하지만 2만 달러를 넘어서면 상관관계가 약해진다고 말한다.

수치야 어찌 됐건, 슈퍼스타이거나 재벌이거나 하버드대학교 교수라고 해서 보통 사람보다도 더 행복할 순 없다는 것은 명확하다. 그때부터 압도적 변인은 관계다. 부모와의 관계, 자녀와의 관계, 배우자와의 관계, 회사 동료와의 관계 등이 좋으면 행복하다고 느낀다. 반면, 아무리 돈이 많고 사회적 지위가 높아도 주변과의 관계가 좋지 않으면 불행하다고 느낀다. 이것이 대한민국이 세계 10대 경제대국이면서도 행복지수는 아프리카와 남미에도 못 미치는 수준에 머무는 이유다. '행복이 경제순'이라면 대한민국은 세계 10위 안에 드는 행복대국이어야 하는데 말이다.

그럼 한국은 언제부터 이렇게 불행해졌을까? 심리학자인 김태형 심리연구소 '함께' 소장은 "한국은 1990년대 IMF 사태와 신자유주의 확산을 겪으면서 인간관계가 파괴되고 공동체가 거의 해체되었다"며 "인간이 생물학적 욕구 다음에 충족되어야 할 첫 번째 단계가 사랑과 소속의 욕구인데, 치열한 경쟁관계 속에서 모두가 고립되어 살다 보니 이 욕구가 충족이 안 되어 불행하고 자살률도 급등했다"고 진단한다. 즉, "관계와 공동체가 파탄나면서 불행해진 것인데 돈이 없어서 불행하다고 인지오류를 범하고 있다"는 것이다. 하여 그의 행복 해법은 '관계와 공동체의 복원'이다. 그는 "돈과 이익을 기준으로 해서 맺어지는 관계에서 벗어나서 정말로 친밀하고 건강한 관계를 만들어가야 한다. 가정에서부터 말이다. 요즘은 가정에서부터 돈으로 자식을 대한다. 공부 못하면 사람 취급을 안 한다. 가정과 가까운 친구 사이에서부터 관계를 복원해야 된다"고 말한다.

결론적으로 30평대 아파트에 사는 중산층 4인 가족의 경우 이 가족의 행복도를 가장 확실하게 높일 수 있는 방법은, 가장의 연봉을 올리는 것도, 자녀의 성적을 높이는 것도, 아파트의 평수를 넓히는 것도 아니다. 그건 이들 부부 사이, 혹은 부모-자녀 사이를 좀 더 살갑고 친밀하게 만들어주는 것이다.

그렇다면 관계가 행복에 끼치는 영향은 왜 이리도 치명적일까? 행복학 연구의 결과들이 '관계'가 행복에 중요한 변인이라는 걸 알려준다면, 진화론은 '왜 관계가 행복에 미치는 영향력이 큰지'를 설명해준다. 진화론적 설명에 따르면, '관계'가 인간의 생존에 어마어마한 영향을 끼쳤기 때문이다. 원시 시절, 맹수와 추위, 굶주림으로부터 생존을 도와줄 수 있었던 건 바로 관계였다. 인간이 공룡이나 사자, 호랑이보다 연약하면서도 만물의 영장이 되고 화려한 문명을 이루며 지구를 넘어 우주정복에까지 나설 수 있었던 건 오로지 사회와 무리를 이루고 살았기 때문이다. 사회 없이 인간의 생존과 번영은 불가능했다. 그런데 사회와 집단에 소속되기 위해선 관계가 좋아야 한다. 관계가 좋으면 집단에 소속돼 있을 수 있고 그만큼 생존을 보호받을 수 있다. 반면, 관계가 좋지 않으면 집단에서 퇴출되거나 방치될 위험이 크고 따라서 생존에 불리하게 된다. 말하자면 '관계=생존'인 것이다. 페퍼다인대학교의 심리학과 교수인 루이스 코졸리노Louis Cozolino는 "인간이 상호작용을 하지 못하면 죽게 된다"고 말했다.[2] 그래서 우리는 생존에 유리함을 가져다주는 관계가 좋을 때 행복감을 느낀다.

　이것이 행복학 연구의 결론이 진화론과 절묘하게 만나는 지점이다. 그래서 진화론적 관점에서 행복을 설명하는 서은국 교수는 이렇게 말한다. "행복의 핵심을 한 장의 사진에 담는다면 어떤 모습일까? 그것은 좋아하는 사람과 함께 음식을 먹는 장면이다. 문명에 묻혀 살지만, 우리의 원시적인 뇌가 여전히 가장 흥분하며 즐거워하는 것은 바로 이 두 가지다. 음식 그리고 사람. 행복은 거창한 것이 아니다. 모든 껍데기를 벗겨내면 행복은 결국 이 한 장의 사진으로 요약된다. 행복과 불행은 이 장면이 가득한 인생 대 그렇지 않은 인생의 차이다. 한마디 덧붙

인다면 'The rest are details'. 나머지 것들은 주석일 뿐이다."[3]

그래서 정신과 진료실이든 심리 상담실이든, 이곳을 찾은 사람들의 대부분의 고민은 '관계'다. 우리는 관계에 문제가 없이 상담실을 찾지는 않는다. 관계의 위기는 생존의 위기를 자극하기 때문이다. 김혜남 정신과 전문의는 30년간 정신과 의사로 일하면서 가장 많이 접한 환자들의 고통은 '관계 내의 고통'이라고 말하고, 아들러는 "인간의 모든 고민은 대인관계로 귀결된다"고 말한다.

가장 중요한 관계는 나와의 관계

부모와의 관계, 자녀와의 관계, 배우자와의 관계, 동료와의 관계, 상사와의 관계…. 세상에는 수많은 관계가 있다. 그 관계 중에 가장 중요한 관계는 무엇일까? 바로 '나 자신과의 관계'다.

김혜남 정신과 전문의는 "관계는 부모-자식, 친구, 직장 동료, 애인 등의 형태가 있는데, 사실 그 관계는 결국 자기와의 관계다. 자기를 믿고, 자기 자신을 객관화할 수 있고, 자기를 좋아하게 되면 남들을 좋아하게 되고, 남들도 자기를 좋아할 수밖에 없다"고 말한다. 이승욱 정신분석가 역시 "상담을 하러 오는 사람들의 고민은 현상적으로는 대개 다양하다. 하지만 그 고민의 층위를 하나씩 하나씩 벗겨내면 결국은 자기 문제다. 모든 사람들이 '고통이 외부로부터 왔다'며 이야기를 시작하지만, 배우자와의 불화도, 직장 동료, 친구, 연인 관계에서의 반복된 좌절도, 상담을 계속 하다 보면, 자기 안에서 어떤 것들을 발견하게 된다"고 말한다. 문요한 정신과 전문의는 "다른 사람들은 내 인생의 일부를 함께할 뿐이지만 내가 나와 맺는 관계는 평생을 같이하는 관계이기 때문"⁴에 자신과의 관계가 가장 중요하다고 말한다.

부부 간 문제로 상담실을 찾든, 부모-자식 간의 문제로 상담실을 찾든, 상사와의 문제로 상담실을 찾든, 상담에서 발견하는 건 결국 나 자신의 문제이다. 좀 더 구체적으로 말하자면 나와 나 자신 간의 관계에 문제가 있다는 걸 발견하게 된다.

나와 나 자신과의 관계에 문제가 있다는 건, 쉽게 말해 자존감에 문제가 있다는 거다. 내가 나를 괜찮아하지 않거나 불편해하거나 수치스러워하거나 어색해하거나 부끄러워하거나 보잘것없다고 여기는 것이다. 타인과의 관계는 '부산물'일 뿐이며 핵심은 나와 나 자신과의 관계라는 거다. 자신을 스스로 인정하지 않는 사람은 타인의 인정에 매달리게 되고, 자신이 무가치하다고 생각하는 사람은 외부의 가치를 맹신하게 된다. 자신을 사랑하지 않는 사람은 자신을 사랑해줄 누군가를 갈망하게 되고, 자신을 불쌍하다고 생각하는 사람은 자신을 구원해줄 누군가를 기다리게 된다.

이를 맹자의 언어로 푼다면, "사람은 반드시 스스로를 업신여긴 후에 남이 그를 업신여기며, 집안도 반드시 스스로 비방한 후에 사람들이 그 집을 비방하며, 나라도 반드시 스스로 공격한 후에 다른 나라가 그 나라를 공격한다"는 거다. 그래서 프랑스의 문호 발자크Honore de Balzac는 "스스로와 사이가 나쁘면 다른 사람들과도 사이가 나쁘게 된다"고 말했고 정신과 의사이자 《인생 수업Life Lessons》의 저자인 엘리자베스 퀴블러 로스는 "관계는 자신을 보는 문"이라고 말한다.

타인혐오는 자기혐오의 결과일 뿐

나와 나 자신과의 관계가 왜 타인과의 관계에 영향을 끼치는 걸까? 왜 나를 사랑하지 못하면 타인을 사랑할 수 없게 되는 걸까? 왜 나를 혐오하면 타인까지 혐오하게 되는 걸까?

이승욱 정신분석가는 "내 안에 있는 어떤 것들을 배제 혹은 혐오한 결과가 타인과의 갈등"이기 때문이라고 설명한다.

예를 들어, 반드시 계획대로 살아야 하는 사람은 즉흥적이고 충동적인 사람을 싫어한다. 그때그때 기분에 따라 결정하고 따르는 사람은 계획적이고 주도면밀한 사람을 버거워한다. 전자는 자기 안의 즉흥성과 충동성을 혐오하기 때문에 외부의 즉흥성과 충동성 역시 싫어하고, 후자는 자기 안의 계획성과 주도면밀성을 억압하기 때문에 외부의 계획성과 주도면밀성도 피하려고 한다. 자기 안의 계획성을 수용한다면 외부의 계획성도 불편하지 않으며, 자기 안의 즉흥성을 인정해준다면 외부의 즉흥성과도 잘 지낼 수 있다.

"만일 당신이 누군가를 미워한다면, 당신은 그 사람 안에서 당신의 일부인 그 어떤 점을 발견하고 미워하는 것이다. 우리 자신의 일부가 아닌 것은 아무것도 우리를 괴롭힐 수 없다"[5]는 헤르만 헤세의 말도 같은 맥락이다.

이는 3개월 사랑하고 3년 싸우고 30년 참고 산다는 부부와의 관계에서도 마찬가지다. 가족상담의 권위자 김용태 초월상담연구소 소장은 부부갈등을 자신을 확장시키지 않고 발달과 성숙을 거부하는 문제로 본다. 예를 들어, 계획적인 배우자와 즉흥적인 배우자가 서로 다른 특성 때문에 갈등을 빚는다고 가정해보자. 한 사람은 상대를 "왜 이리도 무계획적이냐"며 비난하고 한 사람은 상대를 "매사에 그렇게 소심하게 구나"고 타박할 것이다. 이때 이들의 갈등 해소법은, 계획적인 배우자는 자기 안의 즉흥성을 계발시켜야 하고, 즉흥적인 배우자는 자기 안의 계획성을 계발시켜야 한다는 것이다. "이게 발달이고 발전이고 성숙이다. 사람은 끊임없이 발달하고 성숙해야 한다. 그러지 않으면 문제가 생긴다. 서로 다른 부분을 '발달'의 주제로 받아들여야 한다. 부부가 각자 성장이 있어야 한다. 부부뿐 아니라 동료나 친구, 형제 간의 갈등도 발달의 주제, 성장의 주제로 받아들이지 않기 때문에 갈등이 생기고 서로 미워하다가 관계가 끊어지게 된다"고 김용태 소장은 말한다.

가족치료의 권위자인 버지니아 사티어Virginia Satir는 "사람은 서로의 공통점 때문에 친해지고 차이점 때문에 성장한다"고 했다. 차이를 극복하지 못하면 성숙할 수 있는 기회를 놓치게 된다.[6]

상대에 대한 비난은 그래서 모두 심리학적 '투사'에 불과하다고 한다. 내 안에 있는, 내가 싫어하는 것들을 상대에게 있다고 뒤집어 씌우는 심리가 '투사'이다. "너는 이기적이야"라는 비난은 실은 "나는 내 안의 이기성이 싫다"는 고백이며, "그는 속이 좁아 싫다"라는 말은 "내가 속이 좁은 걸 견딜 수가 없다"는 말의 우회적 표현이다.

그래서 내 안의 이기성, 편파성, 소심함 등을 억압하거나 혐오하거나 부정하지 않는다면, 타인의 그 특성을 혐오하거나 억압하지 않게 된다. 나에게 순한 사람이 타인에게도 관대하다. 나 자신을 스스로 피고인석에 앉히는 사람은 결국 타인도 피고인석에 앉히고 죄명을 읊게 된다.

세상에 나쁜 감정, 틀린 감정은 없다

왜 우리는 내 안의 이기성, 인정욕구, 경쟁심, 질투심, 시기심, 분노, 불안, 소심함 등 일견 '부정적'으로 보이는 감정들을 억압하지 말고 수용해야 할까?

왜냐하면 세상에 나쁜 감정, 틀린 감정은 없기 때문이다. 인간이 가지고 있는 감정과 욕구들은 모두 생존에 필수적인 감정과 욕구들이다. 생존에 필요 없는 것들을 가지고 있지는 않다는 게 진화론의 기본적인 프레임이다. 필요가 없었다면 이미 퇴화했거나 사라졌을 것이다.

흔히 부정적으로 여겨지는 '분노'의 감정을 살펴보자. 분노가 없었다면 한국인들은 지금까지 독재정권 아래 신음하며 살고 있을 것이다. 심리치료사인 비벌리 엔젤Beverly Engel은 "화는 무언가 잘못된 것이 있다고 알려주는 내부의 경보장치"라며 "화가 해결해야 할 문제가 있다고 알려주는 신호임을 아는 사람은 자신이나 다른 사람의 화를 피해 숨지 않는다"[7]고 말한다. 불안이 없었다면, 인간은 원시시대에 이미 멸종했을 것이다. 맹수와 굶주림에 대한 불안이 없었다면 이미 잡아먹히거나 굶어 죽었을 것이다. 불안은 우리로 하여금 위험에 대비하고 준비하여 종국적으로는 위험을 피하게 만든다. 소심함이 없었더라면, 원시인들은 독버섯을 먹고 다 멸종했을지도 모른다. 의심과 질투가 없었다면 인간은 자신의 배우자를 다른 이성에게 빼앗기고 자신의 유전자를 남기는 데 실패했을 것이다. 시기와 경쟁심이 없었다면 문명과 기술의 발전은 더디고 더디어 아직 청동기시대에 머물러 있었을 수도 있다.

사랑과 우애, 협력과 배려, 관용과 이타성만큼이나 분노, 불안, 의심, 공포, 시기심도 인간의 생존에 필요하다. 그래서 모든 감정은 타당하며 옳다. 다만 과소 발달과 과대 발달이 있을 뿐이며, 조화가 필요할 뿐이다. 분노나 의심, 시기와 질투심, 경쟁심이 너무 심한 사람은 주변과 잘 지내기 어렵다. 필요할 때 적절하게 느끼는 사람만이 생존과 관계, 둘 다를 지킬 수 있다.

부모와의 초기 관계가 자기 이미지 결정

나와 나 자신과의 관계의 기초와 바탕은 언제 어떻게 형성될
까? 왜 어떤 이들은 자신과의 사이도 좋고 남들과의 사이도 좋
은데 어떤 이들은 자신과의 사이도 나쁘고 남들과의 사이도 나
쁜 걸까? 왜 어떤 이들은 자기 안의 이기심, 질투심, 경쟁심을
자연스럽게 받아들이고, 타인의 이기성과 경쟁심에도 웃으며
넘어가는데, 어떤 이들은 타인의 이기성과 편협함을 못 견디며
부르르 떠는 걸까?

　많은 학자들은 이걸 부모-자녀 간의 초기 관계에서 찾는다.
부모로부터 있는 그대로 존중받고 이해받은 사람들은 자신의
모습을 있는 그대로 '괜찮다'고 여기며 따라서 타인에 대한 수
용성도 높다. '있는 그대로' 존중받고 이해받는다는 게 뭘까?
공부를 못하고 대학을 못 가고 취직을 못 해도 존중받고 이해

받는다는 뜻일까? 키가 작고 인물이 보잘것없고 성격이 까칠해도 존중받고 이해받는다는 의미일까? 전문가들은 존중과 이해, 수용의 대상이 이 같은 객관적, 물리적 조건이 아닌 '감정'이라고 말한다.

아이가 좋아하고 기뻐하고 웃고 행복해할 때 부모로부터 수용되기는 쉽다. 그걸로 혼나지는 않는다. 하지만 아이가 울고 싫증내고 화내고 짜증낼 때 부모로부터 수용되기는 쉽지 않다. 혼나고 벌서고 내쫓겠다는 협박을 당하고 심지어 맞을 수도 있다! 그러나 부정적 감정 역시 부모로부터 온전히 수용되어야 하는 감정이다. 왜냐하면 나의 감정에 대한 수용이 나에 대한 진짜 인정이기 때문이다. 다시 말해, 나의 감정이 나의 정체성이기 때문이다.

이인수 정신과 전문의는 "건널목에서 10명이 서 있으면 모두가 초록불이면 길을 건넌다는 것은 다 안다. 그 생각은 모두가 갖고 있기 때문에 그것은 '나'라는 사람을 정의할 수 없다. 그런데 초록불이 켜질 때 갖는 감정은 다 다르다. 어떤 사람은 기쁠 수도 있고, 어떤 사람은 우울해질 수도 있다. 그렇기에 그 감정이 곧 그 사람인 거다"라고 말한다. 즉, 나의 정체성은 성별, 학력, 출신 지역과 집안, 직업으로 구성되는, 예컨대 '지방 중산층 출신의 대졸 회사원'이거나 '서울 출신의 고졸 판매원'

이라고 생각하기 쉬운데, 그것은 정체성이 아니라 물리적 조건이자 배경일 뿐이다. 대신 '나는 비가 오면 우울하고 화창한 날씨를 좋아하며 시끄러운 건 질색이고 혼자 사색하며 산책하는 걸 좋아한다'는 게 나라는 존재의 정체성이라는 것이다. 그래서 아이가 울고 짜증내고 화내는 건, '나는 이런 게 불편하고, 이런 걸 싫어하는 사람'이라는 자신의 정체성의 표현이다.

남들과 다른 나의 감정이 '나'라는 존재의 요체인데, 나의 감정이 억압당하고 부정당하면 나라는 존재 자체가 억압, 부정당하는 것이고 그러면 나는 '나의 본모습은 못나고 숨겨야 하는 것'이라고 느끼게 된다. 특히 부정적인 감정이 지속적으로 억압당할 때 나타나는 대표적인 증상이 '착한 아이 신드롬good boy syndrome'이다. 분노, 시기심, 증오심, 경쟁심 등은 억누르고 선량함, 배려심, 헌신, 희생정신만을 가지려는 태도가 바로 착한 아이 신드롬이다. 그들은 강박적으로 좋은 사람, 착한 사람으로 보이려 하며 그것에 모든 것을 건다. 왜냐하면 부정적인 감정을 드러내는 순간, 자신의 부모가 그랬던 것처럼 관계에서 내처질 것이라는 공포가 있기 때문이다. 특히 어린아이에게 부모는 신이자 생존의 동아줄이어서 부모에게 거부당하면 생존에 대해 강렬한 공포를 갖게 된다.

이와 같이 좋은 감정/나쁜 감정, 긍정적인 감정/부정적인 감정이라는 이분법은, 자신의 존재를 억압시켜야 하는 부분과 장려해야 할 부분으로 분열시킨다. 나 자신의 절반은 부끄러워하고 수치스러워하고 열등하게 느끼게 만든다. 나아가 타인에 대해서도 좋은 사람과 나쁜 사람이라는 이분법적 분류를 하게 만든다. 사실 소수의 사람을 제외하곤, 대부분의 사람들은 좋지도 나쁘지도 않은 사람이다. 어떨 때는 좋은 사람이었다가 어떨 때는 나쁜 사람이며, 나에게 좋은 사람이 다른 사람에겐 나쁜 사람이고, 나에게 나쁜 사람이 누군가에게 좋은 사람이기도 하다. 어떤 아버지는 밖에서는 더 없는 호인이지만 집에서는 폭군이며, 어떤 연쇄살인마는 자식에게는 지극한 아버지이기도 한 것이다. 인간은 보통 "타인은 단순하게 나쁜 사람이고 나는 복잡하게 좋은 사람"(신형철, 《정확한 사랑의 실험》, 마음산책, 2014)이라고 생각하는 경향이 있다고 하는데, 실은 나 자신이나 남이나 모두 선량하지도 악하지도 않은 복잡한 존재들이다. 또한 '좋다, 나쁘다'는 기준은 사람을 보는 여러 관점 중 하나일 뿐인데, 사람을 볼 때 이 기준만이 압도적일 때는 상대의 다양한 면을 보지 못하게 만든다.

감정을 억압해서는 안 되는 또 다른 이유는, 앞서 말했다시피 감정 자체엔 선악이 없기 때문이다. 오로지 행동에만 선악이 있을 뿐이다. 그래서 어떤 학자들은 좋은 감정/나쁜 감정, 긍정적인 감정/부정적인 감정이라는 이분법적 분류 자체가 틀렸다고 말한다. 이것이 근래 심리학 책들이 '감정수용'을 내세우는 이유이며, 육아에서도 자녀의 감정수용을 중시하는 '감정코칭'이 강조되는 이유다. 아이의 울분과 짜증, 분노 등의 감정은 수용하되 행동은 훈육하는 게 감정코칭의 핵심이다.

이렇듯 인생 초기 부모와 자녀 간의 상호작용은 평생 자녀의 발목을 잡는다. 조선미 아주대학교 의과대학 교수는 어린 시절 부모와의 상호작용이 성인기의 사회활동에 미치는 영향을 다음과 같이 설명한다. "사람들이 평생 갖고 가는 기본 틀이 있는데 바로 부모하고 주고받은 상호작용이다. 태어나서부터 10년 사이에 부모와 어떤 방식으로 상호작용을 했는지에 따라 각기 다른 틀이 형성된다. 이 틀이 평생 다른 사람하고의 관계에서도 반복된다. 예를 들어, 내가 잘못했을 때 엄마가 늘 "괜찮다"고 말해준 사람은 직장에서도 상사가 "이게 뭐야?"라고 해도 얼지 않는데, 부모에게 많이 혼난 사람은 직장에서도 상사의 질문에 확 얼어버린다."

부모와의 관계는 자기 이미지에 거대한 영향을 끼친다. 부모가 사랑을 주면 자신을 사랑스러운 존재라고 느끼게 되지만, 부모에게 못났다는 소리를 듣고 자라면 자신을 못나게 느끼게 된다. 특히 부모로부터 사랑을 받지 못한 경우 치명적인 상처인 수치심과 열등감이 남는다. 오죽 못났으면 부모에게조차도 사랑을 받지 못했을까 하는 수치심 말이다.

부모로부터도 받지 못한 사랑은 평생 자신을 결함이 있는 열등한 존재로 느끼게 만들 뿐 아니라, 받지 못한 그 사랑을 찾아 평생 헤매게 만든다. 사랑에 대한 갈증이 너무 큰 나머지, 나쁘거나 폭력적인 사랑일지라도 떠날 수 없게 만든다. 그것이 나쁜 남자 혹은 나쁜 여자에게 학대당하면서도 못 헤어지는 이유다. 굶주림이 심하면 쓰레기통을 뒤져서라도 배를 채우듯, 사랑에 대한 결핍이 심하면 나쁜 사랑이라도 매달리게 된다.

안타깝게도 상처를 주는 부모들이 많이 있다. 처음 해보는 부모 노릇을 제대로 할 줄 몰라서 상처를 주기도 하고 자녀에게 도움이 될 거라고 생각해서 한 행동과 언어가 상처를 주기도 한다. 하지만 어떤 부모들은 그냥 순수하게 '나쁜 부모'이기도 하다.

1960년대 중반 유엔에서는 영국 정신분석학자 윌프레드 비온 Wilfred Ruprecht Bion을 초청하여 부모의 양육방식이 자녀의 삶에 끼치는 영향에 대해 듣는 자리를 마련했다. 그때 비온이 한 말은 정신분석학 역사에 한 획을 긋는 선언으로 기록된다. "이 세상에는 실제로 나쁜 부모가 존재합니다."

— 김형경, 〈경향신문〉 칼럼 '김형경의 뜨거운 의자'(2015년 3월 22일) 중에서

미국의 심리치료 전문가 수전 포워드Susan Forward는 《독이 되는 부모가 되지 마라Toxic Parents》라는 책에서 세상에는 독毒과 같은 부모가 있다면서, 이들 부모에 대해선 죄책감도 갖지 말고 용서도 하지 말고 단호하게 관계를 끊어야 한다고 조언한다.

부모와의 관계에서 형성된 애착관계는 자기 이미지와 자존감 형성에 밀접한 영향을 끼친다. 나아가 세상에 대한 탐구심과 도전의식은 물론이고 성인기의 여행 스타일까지도 좌우한다.

부모와 자녀 간의 애착관계는 간단히 두 가지 유형으로 나눌 수 있다. 안정애착과 불안정애착이다. 안정애착은 부모와 자녀가 일관되게 친밀하고 신뢰하는 관계이다. 불안정애착은 아이가 부모에 대한 일관되는 친밀감과 신뢰성을 못 느끼는 관계다. 부모와 어린 자녀가 어떤 유형의 애착이 형성돼 있는지는 간단한 실험으로도 파악된다. 엄마와 아이가 낯선 공간에 함께 있다가 엄마가 잠시 자리를 비웠을 때 아이가 어떻게 반응하는지를 보는 거다. 아이가 엄마가 자리를 비웠어도 불안해하지

않고 낯선 공간을 활발하게 탐색하고 또 엄마를 다시 만났을 때 반가워하며 안기면 안정애착이 형성된 경우다. 반대로 불안 정애착 아동의 경우 엄마가 자리를 비웠을 때부터 불안감에 울기 시작해서 엄마가 돌아왔을 때 분노를 표현하며 더 심하게 울거나 엄마에게 달라붙어 떨어지지 않으려고 하거나 혹은 엄마를 아예 거부한다.

윤홍균 정신과 전문의는 《자존감 수업》에서 자존감을 구성하는 세 가지 요소를 자기효능감, 자기조절감, 자기안전감이라고 분석한다. 자기효능감은 자신이 가치 있는 존재라는 느낌이고, 자기조절감은 인생을 자신의 뜻대로 살고 있다는 느낌이며, 자기안전감이란 지금 자신이 생존의 위험에 처해 있지 않고, 안전한 바탕 위에 삶이 굴러가고 있다는 느낌이다.

이 중 자기안전감은, 부모와의 안정애착과 밀접한 관계가 있다. 우리는 부모와의 안정애착을 통해 세상이 안전하다고 느끼며 그 바탕 위에 생을 설계하고 한 걸음씩 나아갈 수 있다. 애착이 잘 형성된 자녀는 이 세상을 안전하다고 느끼며 세상을 탐색하고 배우려는 동기가 높다.[8] 내가 굶어죽거나 맞아죽을지 모른다는 두려움을 느끼는 상황에서 생의 설계는 불가하며 또한 무의미하다. 따라서 호기심이나 탐색욕구, 도전의식이 자라지 못한다. 그런데 불안정애착이 심한 사람의 심리적 현실은 전쟁

중이거나 지뢰밭인 경우가 많다. 그들에게 생은 늘 일촉즉발의 상황이며, 죽을 고비 너머 또 죽을 고비이다.

그래서 뮤요한 정신과 전문의는 《여행하는 인간Homo Viator》에서 부모와 어떤 애착을 형성했느냐에 따라 성인기의 여행 스타일도 다르다고 분석한다.

불안정애착을 가진 아동의 탐색 행동은 그의 기질에 따라 대략 세 가지로 나눌 수 있다. 첫 번째 부류의 아이들은 부모가 자신을 지켜 줄 것이라는 믿음이 없기 때문에 부모를 붙잡고 있는 데만 급급하다. (…) 이들은 성인이 돼서도 안전에 대해 강박적으로 집착하기에 익숙한 세계를 벗어나는 것을 크게 두려워한다. 여행을 잘 가지 않거나 가더라도 필요 이상으로 안전을 따진다.

두 번째 부류의 아이들은 부모에 대한 신뢰가 부족하지만 조심스럽게 탐색을 시작한다. 하지만 불안정애착으로 인해 자신의 호기심에 기초한 탐색을 하지 못하고 자꾸만 부모의 눈치를 살핀다. (…) 이들은 성인이 돼서도 타인의 평가와 인정에 급급해하며 세상을 살아가려 한다. 여행을 가더라도 유행을 따르기 쉬우며 자신의 취향을 찾지 못해 자기 방식의 여행을 만들어가지 못한다.

마지막으로 세 번째 부류의 아이들은 애착을 맺지 못한 부모에게 거듭 좌절하고 분노하며 무분별한 탐색을 한다. 하지만 이러한 탐색은 자신의 호기심에 기초한 것도 아니고, 부모의 기대에 부응하지도 않는다. 그저 '벗어나는 데' 급급한 것이다. (…) 이 세 번째 불안정애착 유형에 속한 아이들이 커서 방랑자가 될 가능성이 높다. 이들의 여행은 방랑에 가깝고 여행을 가더라도 충만감을 느끼기보다 끝없이 따라다니는 공허감을 벗어나기 어렵다.

_ 문요한, 《여행하는 인간Homo Viator》(해냄, 2016) 중에서

부모와의 관계는 평생의 대인관계에서 반복

또한 부모와의 기초관계는 대인관계에서 그대로 반복, 재현된다. 실은 우리의 모든 인간관계는 부모와의 관계의 '재생revival'일 뿐이라는 게 심리학자, 정신분석가들의 얘기다. 부모의 눈치를 보며 살았던 사람들은 늘 누군가의 눈치를 보며 살게 되고, 부모에게 당당했던 사람은 회사 사장 앞에서도 당당히 자기 주장을 펼 수 있다. 부모에게 맞고 살았던 사람은 상대가 손만 들어도 몸이 움찔하며, 부모에게 살뜰한 배려를 받았던 사람은 타인의 친절과 호의를 자연스럽게 받아들인다.

왜 부모와의 관계는 왜 다른 인간관계까지 지배하는 것일까? 심리학적으로 '전이transference'라고 하는 현상 때문이다. 전이란 아동기 시절 중요했던 사람들과의 관계에서 경험했던 느낌과 사고방식, 행동 유형이 성인기에 타인과의 관계에서 반복되

는 현상을 의미한다. 어린 자녀에게 신과 같은 존재인 부모와의 관계에서 살아남기 위해서, 우리는 자신도 모르게 자기만의 생존방식을 터득한다. 사소한 것으로도 자주 혼을 내는 부모 앞에서 변명을 하거나 분노를 표현하기보다는 바로 고개를 숙이고 사과를 하는 게 낫겠다고 판단한 자녀들은, 그것이 생존에 유리하다고 생각한다. 그렇게 터득한 생존법이 타인과의 관계에서도 발현되는 게 바로 '전이'인 것이다. 물론 같은 유형의 부모 아래서도 어떤 자녀들은 회피, 어떤 자녀들은 저항, 어떤 자녀들은 우회적인 공격 또는 간접적인 공격을 생존법으로 익히게 된다.

부모와의 관계는 나의 인간관계를 횡적으로 지배할 뿐 아니라, 종적으로도 지배하게 된다. 즉, 부모와 맺은 애착관계는 대대손손 대물림된다.

미국 코넬대학교 의학대학원의 메리 제이와 워드를 비롯한 연구팀도 엄마와 아기의 애착 유형이 78퍼센트 일치한다고 했다. 외할머니-엄마-영아 등 3세대에 걸친 애착의 안정성과 전이에 대한 연구에서도 비슷한 수치로 일치한다고 밝혀졌다. 이 연구에서는 임신 기간 중 측정된 엄마의 애착 유형과 태어난 아기의 애착 유형이 82퍼센트 일치했고, 친정엄마의 애착 유형은 75퍼센트 일치했다.

이와 같이 모든 연구 결과들은 엄마가 미치는 영향이 단순히 강력하다는 것만 말하지 않는다. 아무리 닮지 않으려고 애를 써도 결국은 엄마를 닮은 엄마가 될 수밖에 없다는 숙명(?)을 말하고 있다.

_ EBS 마더쇼크 제작팀, 《마더쇼크》(중앙북스, 2012) 중에서

미국 위스콘신대학교의 심리학자 해리 할로우Harry Harlow의 원숭이 실험도 이같은 애착의 대물림을 증명한다. 해리 할로우의 실험은, 새끼 원숭이가 젖을 주는 철사 원숭이보다 부드러운 헝겊 원숭이에게 더 애착을 느낀다는 사실을 발견해 애착형성에 있어서 먹이보다 스킨십의 중요성을 밝혀낸 것으로 유명하다. 해리 할로우의 실험 중에는 젖병만 있는 철사 원숭이모형에서만 자란 새끼 원숭이가 나중에 어떤 어미 원숭이가 되는지 살펴보는 실험도 있었다. 즉, 애착이 전혀 형성되지 않은 원숭이가 나중에 자신이 새끼와 어떤 애착을 형성하는지 살펴보았다. 놀랍게도 혹은 당연하게도 이들은 자신의 새끼와도 전혀 애착을 형성하지 못했다. 새끼 원숭이와 스킨십은커녕 젖도 주지 않았다.

나의 부모가 나를 대했던 방법이 그대로 내가 내 자식을 대하는 방법으로 반복된다는 게 원숭이 실험에서도 증명된 것이다. 자존감이 낮은 부모 아래 자라면 나 역시 자존감이 낮아지

고 내 자녀의 자존감도 낮아진다는 것이다. 자존감도 빈익빈 부익부를 피해갈 수가 없다.

그래서 어떤 육아 책에선 "죽어라 육아도서 읽고 유아심리학 책 읽어봐야 말짱 헛수고다. 결국은 부모는 자신의 부모가 키워준 방식에서 플러스 마이너스 10퍼센트 안에서 자식을 키우게 되어 있다"고 냉소적으로 말하기도 한다.

더욱 안타까운 것은 상처받은 자식일수록 부모 곁을 떠나지 못하고 머물면서 계속 상처를 받으며 산다는 것이다. 스탠퍼드대학교 정신의학과 명예교수인 어빈 얄롬Irvin D. Yalom은 "학대받으며 자란 아이들은 역기능적인 가정으로부터 자기 자신을 분리시키는 것을 불편해하는가 하면, 좋은 가정에서 사랑을 주는 부모 밑에서 자란 아이들은 가정과 분리되는 일에 별로 갈등하지 않는다"[9]고 말한다. '굽은 소나무가 선산을 지킨다'는 속담에도 새겨져 있는 진실이라고 소설가 김형경은 말한다.[10]

상처받은 자식일수록 부모 곁에 영원히

왜 상처받은 자식일수록 부모를 떠나지 못하는 것일까?

첫째는, 아직 받지 못한 사랑에 대한 미련 때문이다. 상처받은 자식은 내가 좀 더 잘하면 사랑을 받을 수 있지 않을까 하는 미련이 있다. 늙어서까지 부모 곁을 서성이고 지극히 효도하면서, 그때라도 못 받은 사랑을 받을 수 있을까 기대한다.[11] 받지 못한 사랑에 대한 미련과 집착은 반복강박을 부르기도 한다. 알코올중독 아버지를 둔 딸이 알코올중독 남편을 만나는 이유이고, 차갑고 냉정한 어머니에게 상처받은 아들이 어머니 같은 여자를 부인으로 만나는 이유다. 무의식적으로 다시 한번 부모와 비슷한 사람을 만나서 그 안에서 못 이룬 사랑을 이뤄보려고 하는 것이다.

둘째는, 자녀는 좋은 부모에게서도 애착을 느끼지만 나쁜 부모에게도 애착을 느끼기 때문이다. 어느 실험에 따르면 아기는 부모와 접촉할 때마다 몸에서 엔도르핀이 생성되는데, 불행하게도 양육 행태가 파괴적이고 가학적인 경우에도 아기의 몸에서 엔도르핀이 나온다고 한다.[12] 해리 할로우의 또 다른 원숭이 실험도 나쁜 부모에게 형성된 애착이 얼마나 질기고 질긴지 보여준다. 새끼 원숭이가 헝겊 원숭이와 애착이 형성된 뒤에, 새끼 원숭이가 헝겊 원숭이에게 다가갈 때마다 갑자기 찬물을 뒤집어씌우거나 날카로운 것으로 찌르는 고통을 주는 실험이었다. 새끼 원숭이는 다시는 헝겊 원숭이에게 가지 않았을까? 그렇지 않았다. 아무리 상처를 입어도 새끼 원숭이는 끊임없이 헝겊 원숭이의 품을 파고들었다. 이는 한번 애착이 형성이 되고 나면 애착 대상에 대한 좋고 나쁨의 판단을 보류하고 계속 그 애착을 유지하려는 습성을 보여준다.

셋째로, 부모가 주는 상처가 너무나 익숙해서 그것이 편안하기 때문에 부모 곁을 떠나지 못한다. 인간은 행복할 때 편안함을 느끼기보다 익숙할 때 편안함을 느낀다. 세상에는 누가 봐도 불행한 선택을 이어가는 사람들이 있다. 그들에게는 불행이 익숙하고 행복은 어색하다. 이들은 낯설고 어색하고 불편한 행복보다는, 익숙하고 편안한 불행 속에 머물고자 한다. 신학 박사이자 영성 지도자인 안셀름 그륀Anselm Greun은 "고통을 당하는 사람은 자신의 고통을 자신과 동일시하기 때문에 고통과 작별하는 것을 두려워한다. 왜냐하면 고통은 그가 알고 있는 것이지만, 그 고통을 놓아버린 후에 그를 기다리고 있는 것은 그가 모르는 것이기 때문"[13]이라고 말한다. 또한 김혜남 정신과 전문의는 "어릴 적 반복적인 학대나 상처를 경험한 사람들은 자기도 모르게 고통을 사랑으로 받아들이는 경향이 있다"며 "그건 고통만이 전부이던 그들의 어린 시절에, 고통이 없는 상태는 행복이 아니라 버려지는 것을 뜻했기 때문"이라고 설명한다. 그들은 "고통을 통해서만 숨쉴 수 있는 사람들, 고통을 통해서만 즐길 수 있고 살아 있음을 느낄 수 있는 사람들"[14]이라고 말한다.

같은 맥락에서, 학대받은 사람은 학대받은 사람을 만날 때 편안함을 느낀다. 행복한 사람을 만나면 어색하고 불편하다. 그래서 행복한 사람은 행복한 사람을 만나고, 불행한 사람은 불행한 사람을 만난다.

"저는 왜 상처 있는 사람을 좋아하는 걸까요?" 누군가 물어온 이야기입니다. 여러 가지 역동적인 이해가 필요하겠지만 일반적으로는 상처 있는 사람과 함께 있을 때 느껴지는 정서적 친밀감 때문입니다.

정서는 깊은 전염성이 있습니다. 우울하고 불행하다고 느끼는 부모에게서 태어난 아이들은 부모의 정서를 함께 호흡하며 성장합니다. 그렇기에 그들은 성인이 되어서도 우울감과 불행감이라는 정서에 편안함을 느낍니다.

이들은 우울하고 불행하다고 느낄 때 부모와 밀접하게 연결되어 있다는 느낌을 받고, 반대로 행복하고 편안할 때는 단절된다는 느낌을 느낍니다. 누군가의 애정과 관심으로 행복이 찾아오면 이들은 불안해집니다. '이것은 내 인생이 아니야!'라는 강한 거부감으로, 다가오는 행복을 확 밀쳐버립니다. 그리고 상처가 아물지 않은 사람을 만나 익숙한 불행 관계를 이어갑니다.

_ 문요한, 《문요한의 마음 청진기》(해냄, 2013) 중에서

불행에 익숙한 사람이 어떻게 행복을 저버리는지는 〈인디언 썸머〉라는 영화가 잘 보여준다. 어려서 부모를 잃고 고아로 자란 간호사 신영은 결혼 후 남편의 폭력과 학대에 시달리다 남편이 갑자기 죽는 사고를 겪는다. 남편을 죽였다는 누명을 쓴 신영은 자기 방어에 소극적일 뿐 아니라 재판정이 사형선고를 내리도록 방조하기까지 한다. 이에 대한 영화평론가 이동진의 평이다.

신영은 왜 살 수 있었는데도 죽음의 길로 들어섰을까요. 혹시 그건 불행이 그에게 습관이 되었기 때문이 아닐까요. 불우하게 자란 신영은 결혼 후에도 남편의 상습적 폭력에 시달리며 불행을 그만 자신의 삶의 원리로 체화하고 맙니다.
_ 이동진, '시네마레터' 중에서

이동진은 이 글에서 불행에 익숙해지면 '삶의 원리'가 된다는 걸 통찰했다. 불행이 삶의 원리가 되면 행복은 어색하고 불편한, 피하고 싶은 상태가 된다. 그래서 정혜신 정신과 전문의는 부모가 불행에 익숙한 모습을 보여주는 게 자녀로 하여금 불행을 가르치는 것이라고 말한다. 부모가 불행을 '예외적인 상황'으로 인식해야, 자식도 그걸 보고 배운다는 것이다.

많은 부부들이 관계가 안 좋아도 애가 결혼할 때까지만 참고 산다고 하는데, 그런 환경에서 자란 애가 행복하게 살 가능성은 무척 낮다. 부모의 행복하지 않은 삶을 공기처럼 마주하며 자란 아이는 자기도 모르는 사이에 행복을 삶의 예외적인 상황으로 간주하게 된다. 그래서 자기가 불행해져도 문제의식이 별로 없다. 불행을 쉽게 수용한다. 행복을 느끼고 사는 부모와 산 아이는 자기 삶이 그런 조건에서 벗어나면 자기 안의 경계경보가 빠르게 작동한다. '내 삶이 왜 이래? 이건 아니잖아' 한다.

_ 정혜신, 〈한겨레〉 김어준과의 대담(2008년 12월 17일) 중에서

부모의 영향력은 40대까지

그럼 이미 다 자라버린 성인들의 자존감은 어찌 할 것인가? 다행히 자존감은 고정불변의 것이 아니다. 《자존감 수업》의 저자 윤홍균 정신과 전문의는 "자존감을 유지하는 것은 수영과 같아서 멈춰 있으면 중력이 우리를 끌어당긴다"면서 "우리가 신의 자존감이었다면 영원하겠지만, 인간의 자존감이기 때문에 영원하지 않다"[15]고 말한다. 미시간대학교 공과대학 심리학과 교수를 지낸 최성애 HD행복연구소 소장은 "연구에 따르면, 부잣집에서 태어나 경제적으로 잘 살 가능성의 상관계수는 40살까지다. 하지만 40살 이후엔 상관계수가 없다. 부모가 돈을 물려줘도 사업으로 망할 수도 있고, 도박으로 탕진할 수도 있다."[16]라고 말한다. 좋은 양육환경에서 형성된 높은 자존감도 나이가 들면서 망가질 수 있고, 반대로 어렸을 때 형성된 낮은 자존감도 반전될 수 있다는 것이다.

그럼에도 낮은 자존감으로 인해 매일 피를 흘리다 보면 부모를 원망하지 않을 수 없다. "대체 나에게 왜 그랬냐!"고 따지고 싶고 사과받고 싶다. 이에 대해 박미라 마음 칼럼니스트는 "부모에게 항의하고 싶다는 건 부모로부터 심리적으로 독립할 힘이 생겼다는 걸 의미한다. 그러나 자녀의 항의에 부모가 반발하고 화를 낸다면 자녀는 '나는 여전히 사랑받지 못하는 존재'라는 걸 재확인하고 상처받을 가능성이 높다"고 조언한다. 우리의 부모세대는 먹고사는 데 급급해 자신이 가해자일 수 있다는 자기성찰적인 태도가 부족하기 때문에, 사과나 화해는커녕 더한 분노와 상처만 남길 수 있다는 것이다. 박미라 칼럼니스트는 "그래도 부모에게 항의해야겠다고 생각한다면 그렇게 하라"고 말한다. "싸우고 싶으면 싸워라. 부모도 자신이 한 행동을 알아야 하니까. 그 과정에서 부모도 성장할 기회를 가져야 하니까"라고 말해준다. 하지만 "화해가 목적이라면 권하고 싶지 않다"고 말한다.

많은 이들이 부모에게 따질 엄두도 못 내거나, 부모에게 따졌다가 더 큰 반발에 직면한다. 또 어떤 이들은 사과를 받고 나자 허탈하기만 하고 나아지는 게 없다고 말한다.

이렇듯 부모에 대한 원망을 멈출 수가 없다면 어떻게 될까? "발달심리학에서는 성인들도 죽을 때까지 발달과정을 거치게 되어 있고 또 매 단계 해결해야 할 발달과업이 있다고 주장한다. 따라서 각각의 시기마다 맞닥뜨리는 문제를 해결하면서 성숙해져야 한다. 그런데 생애 초기에 발생했던 부모 문제에 계속 매달려 있으면, 이후의 모든 발달과정을 지연시킬 뿐 아니라, 그 발달과제를 외면하고 지연시켜서 생긴 문제까지도 부모 탓으로 돌리면서 살아가게 된다." 박미라 칼럼니스트의 말이다.

　에릭슨의 발달이론developmental theories에 따르면, 인간은 영아기부터 노년기까지 8개의 발달 단계를 밟아야 한다. 발단 단계별로 발달 과업이 있는데, 이 과업을 달성하면 다음 단계로의 발달이 진행되지만, 실패하면 그 단계와 관련된 정신적 결함을 가지고 살아가게 된다는 이론이다. 예컨대, 청소년기에는 '소속감'을 느끼며 '탐색'의 과제를 수행해야 한다. 이때 소속감을 거부하고 탐색만 하면 평생 이것저것 시도만 하는 방황하는 삶을 살게 되고, 소속감만 추구하고 탐색을 포기하면 기성세대가 요구하는 '범생이'로만 살게 된다. 초기 성인기에는 적절한 친밀감을 형성함으로써 친구도 사귀고 배우자도 만들고 직업적 활동을 수행해야 하는데, 이에 실패하면 고립감과 우울감을 느끼게 된다. 중년기에는 후배들에게 물려주고 도와주면서 성취감을 느껴야 하고, 노년기에는 인생을 정리하고 삶의 의미를 이해해야 한다. 이에 실패하면 침체감, 절망감, 허무함에 사로잡히게 된다.

단계별 과업을 해결하면서 우리는 한 단계 성숙해지고, 성숙은 곧 자유를 가져다준다. 반면 특정 단계에 해결되지 못한 과업은 반드시 다음 단계에 어떤 문제를 야기한다. 예컨대 부모로부터 독립의 과제를 수행하지 못했다면 부부관계에서 반드시 불화를 겪으며, 성인기에 친구나 배우자 등과 친밀한 관계를 형성하지 못하면 노년기에 공허함을 피할 수 없다. 그런데 부모 문제에 사로잡혀 있게 되면, 이들 단계의 과업 수행에 지장을 주어 다음 단계에까지 줄줄이 차질이 생긴다는 거다.

뿐만 아니라 기독교상담학자인 김용태 초월상담연구소장은 "특별한 노력을 하지 않으면 이 삶이 저 삶으로 그대로 간다"고 경고한다. 즉, 노력을 하지 않는다면, 부모와의 맺은 관계가 친구, 배우자, 직장 동료, 자녀와 맺는 관계에서 그대로 반복된다. 프로이트는 "모든 인간관계는 부모와의 관계의 재현"이라고 말한 바 있다. 맞고 자란 자녀가 때리는 부모가 되고, 알코올중독 아버지 밑에 자란 딸이 알코올중독 남편을 만나는 이유이기도 하다. 심지어 신과 맺는 관계조차 부모와의 관계의 재현이라고 프로이트는 말한다. 정신분석가인 이무석 정신과 전문의는 "인간은 마음의 상을 투사하는 경향이 있기 때문에 자기 부모의 이미지를 하나님으로 착각하는 경우가 많다"면서 "처벌적 부모를 가진 자녀는 '징벌자 신'을 떠올리고, 부모를 불신하는 자녀는 신도 불신하는 경향을 갖는다"고 말한다.

나의 지배적 감정이 나 자신이다

그럼 대체 어떤 노력을 해야 한다는 걸까? 먼저 나 자신을 알아야 한다. 앞서 말했듯, 정체성이란 나의 감정이다. 김용태 초월상담연구소장은 "우리에게 익숙한 감정들이 우리가 누구인지를 말해준다"[17]고 말한다. 어느 미식가가 "우리가 먹는 것이 우리가 누구인지 말해준다"고 말했듯이, 심리학은 우리의 지배적인 감정이 우리가 누구인지 말해준다고 한다. 그래서 나만의 감정의 스펙트럼을 알고 그 감정들의 연원을 파악하는 게 우선이다. 나는 언제 분노를 참을 수 없으며, 불안에 영혼이 잠식당하는가? 나는 언제 시기심에 사로잡히며 질투심에 포박당하는가? 나는 왜 인정욕구를 멈출 수 없으며, 경쟁적인 상황을 견디지 못하는가? 나는 왜 자기주장을 할 때 죄책감이 들며, 갈등을 겪는 것보다 희생을 하는 게 훨씬 편안한가?

내 감정들이 언제 어떤 상황에서 발생하고, 그 감정들을 어떻게 처리하며, 또 그 감정들은 왜 발생한 것인지를 파고들어가면, 어린 시절 상처와 맞닥뜨릴 가능성이 높다. 상처를 겪던 그 순간, 나의 분노와 불안, 공포와 억울함, 모욕감, 수치심, 모멸감 등이 소화되지 않고 무의식에 뿌리깊이 박혀 지금까지도 비슷한 상황에서 그 감정들이 재현되는 것이다.

어린 시절 부모로부터 형제 차별을 겪은 사람은, 학교나 직장 생활의 불공정한 면을 볼 때마다 분노가 폭발한다. 반면, 다른 형제보다 특혜를 받은 데 대해 죄책감을 느낀 자녀는 경쟁적인 상황을 불편해하며 지레 경쟁을 포기하고 희생을 택할 가능성이 높다. 어린 시절 '멍청하다'고 구박당한 사람은 타인의 말 한마디 표정 하나에도 자신을 혹시 멍청하게 보는 건 아닌지 의심하게 된다. 아무리 노력해도 합당한 칭찬을 받지 못했던 자녀는 평생 인정욕구의 화신으로 살거나, 아예 인정받기를 포기해버린 삶을 살게 된다.

나의 감정과 그 감정의 연원이 파악되면, 과거의 나를 이해하고 공감해줘야 한다. 그때 내가 느꼈던 놀람과 공포, 분노, 시기심은 너무나 당연한 것이며, 누구라도 그와 같은 감정을 겪었을 것이라고. 또 그 일을 겪느라 얼마나 아프고 힘들었겠느냐고 위로를 건네야 한다. 그래도 잘 견뎌주었다고 그렇게나마 겪어내준 자신에게 지지와 격려를 보내야 한다. 마치 엄마가 울고 있는 아이를 위로하고 달래주듯이 말이다. 내 안의 상처에 고착되어 한 발자국도 나가지 못하고 있는 '내 안의 아이'

에게 내가 스스로 엄마가 되어주는 작업이라고 할 수 있다. 어떤 비난도 의심도 변명도 없이 나의 분노와 불안, 시기와 질투, 열등감과 모욕감 등을 아이를 안아주듯 감싸안아야 한다. 처음에는 그 상처만 떠올려도 숨이 가빠지고 심장이 벌렁거리지만, 그럴수록 기억을 회피하거나 억압하지 말고, 상처를 떠올리는 게 편안해지고 상처에 압도당하지 않을 때까지 반복적으로 위로하고 지지해줘야 한다. 나를 지지해주는 신뢰하는 친구에게 털어놓고 공감과 위로를 받는 것도 좋은 방법이다. 그것이 바로 상담실에서 이뤄지는 치유의 과정이기도 하다. 상담가는 내담자의 상처와 감정에 공감과 지지를 끝없이 반복한다. 이에 대해 정혜신 정신과 전문의는《당신으로 충분하다》(푸른숲, 2013)에서 '내담자는 언제나 옳다'라는 문장은 상담실에서 통하는 유일한 진리라고 말한다. 또한 스스로 부정적으로 여겼던 감정을 마지막의 마지막까지 드러낼 수 있고, 그러고서도 타인에게 이해받고 공감받고 받아들여지는 경험을 할 수 있다면 그 사람은 치유된다고 전한다.

이 과정에서 중요한 건 묵은 감정의 생생한 체험과 표현이다. 프로이트는 "억압된 것은 반드시 되돌아온다"고 말했다. 수용전념치료ACT의 창시자 스티븐 헤이즈Steven C Hayes는 "기꺼이 경험하려 하지 않으면 결국 경험하게 될 것"[18]이라고 말했다. 불안, 분노, 수치심 등 불편한 감정을 느끼지 않으려 피하거나 억압하면 반드시 더 큰 대가를 치르게 된다는 경고다. 상처를 겪었을 당시 감정을 억압하거나 회피하지 않고 다 체험하고 위로받았다면 그 상처는 상처로 남지 않았을 것이다. 상처로 남았다는 것 자체가 당시 감정을 억압, 회피 혹은 위장했다는 증거다.

애지중지 하던 장난감을 잃어버린 아이가 울고불고 하지 않고선, 어떻게 그 상실감과 이별할 수 있을까? 분노도 하고 슬퍼도 하고 소리도 질러보고 한숨도 쉬어봐야 결국에 그 상실감과 이별할 수 있다. 그렇게 감정을 표현하고 경험하지 않는다면 상실감은 아이의 마음속 깊이 영원히 남게 된다. 아이는 자기도 모르는 사이 잃어버린 장난감에 대한 미련과 집착을 가지고 살아가게 된다.

고통스럽더라도 과거에 억압했던 그 감정을 다시 생생히 체험해야 한다. 심리학자 알리스 밀러Alice Miller는 "문제의 해결은 '말'에 의해서가 아닌 '경험'을 통해서만 가능하다. 초기의 두려움(슬픔, 분노)을 재경험하며 생생하게 교정하게 될 때 치유는 일어난다"[19]고 말한다. 심리학자 유진 젠들린Eugene Gendlin도 "그 감정을 인정해 주거나 공감하지 않고 부정하거나 억압하게 되면 변하지 않고 그냥 그대로 남아 있게 된다"고 한다. 반면 "자기 내면에 있는 난처한 감정을 다정하게 다루면 그 감정이 인생의 중요한 지혜로 변하여 지금까지 깨닫지 못하였던 중요한 것을 가르쳐준다. 자기감정을 자기의 일부로 확실하게 인정해주며 감정이 말하고자 하는 것에 귀를 기울이면 마음이 편해지고, 현재의 자기 수용이 가능해지며 현재의 자기에게 필요한 메시지를 받는다"[20]고도 했다.

나의 감정은 나에게 중요한 메시지를 준다. "과잉은 곧 결핍"[21]이라는 라캉의 말처럼, 과잉 감정과 과잉 행동은 나의 결핍을 드러낸다. 인간에겐 생의 단계별로 채워져야 할 욕구가 있는데, 특정 욕구에 결핍이 생기면 생은 무의식적으로 그 결핍을 채우고자 '공회전'을 계속하게 된다. 결핍은 과잉 감정과 과잉 행동으로 연결되며, 프로이트는 이를 '반복강박'이라고 했다. 사랑에 대한 결핍이 있는 사람은 사랑을 받는 데 삶의 에너지를 모조리 쓰게 된다. 마찬가지로 안전감에 대해 결핍이 있으면 다치지 않는 데에, 돈에 대한 결핍이 있으면 부를 쌓는 데에 매몰될 수밖에 없다. 어린 시절의 결핍은 이를 채우고자 하는 '무의식적 동기'를 갖게 하고, 무의식적 동기는 평생 그 동기를 채우기 위한 무한 반복행동을 낳으며 평생을 헤매게 만든다.

어린 시절에 동기 좌절을 경험했던 사람은 청소년기 이후에 나름대로 건전한 인생 목표를 세우더라도 그것이 그 사람의 기본동기가 되기 어렵다. 어린 시절에 심각한 동기 좌절을 경험한 사람은 비록 스스로 자각하지 못해도 어른이 되어서도 그 좌절된 동기를 실현하기 위해 막대한 심리적 에너지를 소모하고 매달리는 경향이 있다. (…)

그렇다면 무의식적 기본동기는 사람에게 어떤 영향을 미칠까? 첫째로 기본동기는 '반복행동'을 낳는다. 목이 너무 말라서 우물을 파려고 하는 기본동기를 갖게 된 사람은 평생 우물을 파는 행동을 반복할 것이다. 기본동기는 주요한 동기 중에서도 가장 중요한 동기다. 따라서 사람은 우여곡절을 겪으면서도 평생 그것을 실현하려는 행동을 반복한다.

_ 김태형, 《누구에게나 어린 시절의 상처가 있다》(21세기북스, 2013) 중에서

과거와 이별하는 법 '애도'

나의 감정은 나의 결핍과 무의식적 기본동기를 알려줌과 동시에 이제는 다른 식으로 살아야 한다는 메시지를 준다.

'밑 빠진 독에 물 붓기'와 같은 무의식적 기본동기를 포기하는 방법은 무엇일까? 그것은 '애도mourning'다. 즉, 나의 동기가 이뤄질 수 없는 꿈임을 알고 슬퍼하며 체념하고 포기해야 하는 것이다. 학자들은 애도를 통해서만이 과거의 상처와 이별할 수

있다고 말한다. 하지만 자신이 평생 붙들고 살아온 이 동기와 헤어지는 것이 너무나 고통스럽기에 어떤 이들은 그냥 이대로 살기를 선택하기도 한다. 그러나 우리는 과거의 상처와 그로 인해 빚어진 동기를 애도하며 떠나보내야 한다. 그래야 자신이 설정한 동기를 실현시키는 진짜 삶이 시작되기 때문이다.

상처 입은 어른은 자기의 어린 시절과 부모의 상실을 애도해야 한다. 이 애도야말로 바로 자기 어린 시절의 상처를 치유하기 위한 감정 해소의 종착점이라고 말할 수 있다.

어린 시절의 동기 좌절을 애도하는 과정은 말로 형언할 수 없이 고통스럽고 슬플 수 있다. (…) 단 한번도 아버지에게 칭찬받은 기억이 없는 딸이 아버지에게 칭찬받기를 포기하는 것, 학교에서 억울하게 도둑으로 몰린 아들을 끝내 믿어주지 않았던 어머니로부터 '너를 믿는다'는 말을 듣기를 포기하는 것이 어찌 슬프지 않겠는가. 하지만 제대로 슬퍼하지 않고서는 상처와 이별할 수 없으므로 애도는 불가피하다.

좌절된 어린 시절의 동기와 이별하는 것은 인생에서의 새로운 출발이자 전진이다. 왜냐하면 그것을 통해서 건강한 동기를 새롭게 가질 수 있게 되기 때문이다.

_ 김태형, 《누구에게나 어린 시절의 상처가 있다》(21세기북스, 2013) 중에서

'언젠가는 내가 원하던 사랑을 받을 수 있을 거야.'

'내가 보낸 편지를 읽고 엄마는 깊이 뉘우치고 나에게 사과할 거야.'

'언젠가는 엄마가 바뀌어서 더 공감적인 반응을 해줄 거야.'

이와 같은 소망은 포기하기 힘들다. 하지만 나의 편지를 읽고도 엄마가 바뀌지 않을 때, 완벽한 사랑(또는 치료자나 배우자)을 만날 수 있을 것이라는 희망이 좌절되었을 때, 극심한 슬픔과 좌절이 찾아온다.

'내가 그렸던 꿈은 이루어질 수 없는 것이구나.'

'관계를 회복할 기회가 다시 오지 않을 수도 있겠구나.'

이러한 커다란 슬픔과 상실감을 받아들이고 무의식적 소망을 서서히 포기해가는 과정, 이것이 애도의 단계다. 애도의 단계를 거치면서, 슬프지만 이제는 내가 얻을 수 없는 것이 무엇인지 받아들일 수 있게 된다. 그리고 내게 주어진 환경 속에서 얻을 수 있는 현실의 만족도 맛보게 된다. 어린 시절의 상처와 좌절에 몰두하던 인생에서 시선을 돌려, 불완전한 나와 엄마를 현실적으로 바라보고 인정할 수 있는 인생으로 변한다. 실망과 집착과 원망을 벗고 비로소 독립된 나의 삶을 살아갈 수 있게 된다.

_ 이인수·이무석, 《누구의 인정도 아닌》(위즈덤하우스, 2017) 중에서

이 과정에서 자신의 진짜 감정을 알아차려야 한다. 평소 죄책감을 많이 느끼는 사람은 실은 무의식에 분노가 억압되어 있을

가능성이 높다. 예를 들어 고생하신 부모님에 대한 과도한 죄책감을 가지고 있는 자녀의 경우, 실은 자신을 방치한 부모에 대한 분노를 효과적으로 억압하기 위해 죄책감을 가지기도 한다. 늘 자신의 일보다 남의 일을 먼저 챙기다가 자기 일을 망치거나 혹은 내 일보다 상대의 일을 먼저 챙겼음에도 남이 적절하게 감사하지 않는 데 대한 분노가 큰 사람이라면, 자신이 무엇에 열등감을 느끼는지 살펴보아야 한다. 그는 타인에게 필요한 존재가 됨으로써 우월감을 느끼고 그 우월감으로 무의식의 열등감을 만회하고 있을 수 있기 때문이다. 타인을 구원하려는 심리가 발달한 사람은, 실은 누군가 자기를 구원해주길 기다리고 있을지도 모른다. 인생에 바라는 것은 단 하나, 구원이기 때문에 자기가 원하는 것을 남에게 베풀고 있는 것이다. 우리는 자기가 좋아하는 것을 남도 좋아한다고 착각한다. 그래서 구원이 필요 없는 엉뚱한 사람에게 구원을 베풀고, 마치 자신이 구원자가 된 듯한 착각에 빠지지만, 상대는 그저 "저 사람이 왜 남의 일에 저렇게 오지랖을 떠나" 하고 어리둥절할 뿐이다.

나르시시즘이 강한 사람이라면, 실은 자신의 존재에 대한 수치심이 강할 가능성이 있다. 잠시만 긴장을 늦추어도 떠오르는 수치심 때문에 나는 '특별한 존재'라는 마법을 계속 걸고 있는 것일 수 있다. 유난히 희생정신이 강하고 손해를 보는 게 마음이 편하다면, 과거 어떤 일에 대한 죄책감이나 처벌의식을 가지고 있을 수 있다. 타인에 대한 연민과 동정심이 지나치게 강하다면, 자신이 비참한 존재라는 무의식이 강할 수 있다. 나보다 타인을 더 불쌍하게 여김으로써 자신의 비참함에 숨통을 틔우는 것이다. 만나는 사람마다 퍼주고 있다면 자신이 부모로부터 받지 못했던 것에 대해 결핍감이 강할 수 있다. 지나치게 친절하고 비위를 잘 맞춘다면 의존성이 강할 수 있다.

이렇듯 우리는 감당하기 어려운 감정을 다른 감정으로 뒤덮어버린다. 열등감은 우월감으로, 수치심은 나르시시즘으로, 무력감은 통제감으로, 죄책감은 희생정신으로 덮어버리면 한결 살아가기 수월해진다. 즉, 진짜 감정을 가짜 감정으로 위장하는 것이다. 김용태 초월상담소장은《가짜감정》에서 감정을 표면감정, 이면감정, 심층감정으로 세분화하기도 한다. 남들 앞에서 비교적 드러내기 쉬우면서 자기도 당당한 감정이 표면 감정이라면, 이면에 숨기고 있는 감정은 이면감정이고, 더 깊숙이 진짜로 숨기고 있는 감정은 심층감정이다.

세상의 불평등함에 분노가 많은 사람이 있다고 가정하자. 그는 사사건건 "세상이 이래 가지고 되겠느냐"며 분노를 터뜨린다. 그러나 그의 분노 이면에는 자기보다 더 나은 환경, 더 좋은 머리, 더 뛰어난 성취에 대한 시기심이 있다. 그리고 그 시기심의 더 아래에는 자신이 보잘것없는 존재라는 수치심과 열등감이 있다. 이 사례에서 표면 감정은 분노이지만, 이면 감정은 시기심, 심층 감정은 수치심과 열등감이다.

우리는 왜 진짜 감정을 숨기고 다른 감정으로 변형시켜 표현하는 것일까? 표면 감정들이 우리의 약한 부분을 지켜주는 기능을 하기 때문이다. '분노'라는 감정은 내가 옳고 너가 틀렸다는 메시지를 준다. 상대를 지나치게 불쌍히 여기는 '연민'의 감정은 내가 너보다 형편이 낫고 너는 나보다 불우한 처지라는 위안을 준다. 내가 잘못했다는 '죄책감'은 내가 반성적이고 성찰적인 사람이라는 자부심을 준다. 대부분의 표면 감정 아래 심층에는 수치심이 자리 잡고 있다. 내가 보잘것없고 형편없는 존재라는 것을 인정하기가 두렵기 때문에 표면 감정은 이렇게 위장한다.

그래서 어떤 이에겐 진짜 감정과 가짜 감정을 구분하는 것이 심리 작업의 출발점일 수 있다. 이 과정은 또한 분석심리학자 융이 말하는 '그림자shadow'를 통합하는 과정이기도 하다. 그림자란 사회적이고 공식적으로 드러난 나 자신이 아닌 숨겨지고 억압된 인격을 말한다. 인정욕구, 열등감, 죄책감, 공포, 불안, 수치심 등의 얼굴을 가진 인격으로, 장시간 억압되어 인지하지 못하는 경우도 많다. 당당하고 자신감 넘치는 페르소나persona

뒷면에 열등감으로 웅크린 자아, 밝고 호방한 유머 감각 뒤에 감춰진 자살욕구 등이다.

자신의 그림자 인격을 인정하고 받아들일 때, 우리는 부끄럽고 낯 뜨거워지는 게 아니라 오히려 편안해진다. 왜냐면 그림자 인격을 억압하고 숨기는 데 소진하던 정신적 에너지를 쓰지 않아도 되기 때문이다.

그 과정에서 얻는 것은 '인간으로서의 보편성'이다. 내가 영웅도 아니지만, 그렇다고 걸인도 아니며, 내가 순교자도 아니지만 사기꾼도 아니라는 것이다. 인간이라면 누구나 우월감도 있지만 열등감도 있고, 배려심도 있지만 이기심도 있는, 자랑스러울 때도 있지만 부끄러울 때도 있는, 보편적인 인간이라는 사실에 자유를 얻게 된다. 무얼 하더라도 특별히 잘날 것도 없지만 특별히 못날 것도 없는 보편적 인간의 스펙트럼에 속해 있다는 사실은, 있는 그대로 살아갈 자유를 준다. 과대자기와 과소자기가 사라지고, 평범한 한 명의 인간이 남는 과정이다.

정신과 의사 출신 엘리자베스 퀴블러 로스는《인생 수업》에서 깨달음과 통찰 뒤에 새로운 자아로 태어났을 때의 느낌을 다음과 같이 묘사한다. "난 언제나 모든 이들에게 사랑받고 존경받는 인간이 되겠다고 마음먹었었다. 하지만 지금에 와서는 나도 다른 이들과 아무 차이 없는 한 사람의 인간일 뿐임을 깨닫는다."22

물론, 나르시시즘과 우월감이 강한 사람이라면 이 과정에서 피를 흘리기도 한다. 내가 그다지 특별하거나 잘난 인간이 아니었다는 사실에. 하지만 곧 자유를 만나게 된다. 나르시시즘이 강하다는 것은 그만큼 수치심이 강하다는 뜻이기 때문이다. 수치스런 자신을 견딜 수 없어 만들어낸 허상이 나르시시즘이다. 나르시시즘이 사라지는 순간 피를 흘리지만, 곧 수치스러운 자아와도 이별하게 된다.

새로운 자아의 탄생, 멈추었던 성장의 시작

자신의 감정을 수용하고 지지해주면서, 그림자 인격까지 껴안을 때 멈추었던 성장과 발달이 다시 시작된다. 정신분석학자인 하인츠 코헛Heinz Kohut 박사는 치료를 통해 결핍된 부분을 찾아서 채워 넣는 것을 '재양육reparenting'이라고 하며 상처받아 중단된 발달은 재양육을 통해 다시 시작된다고 보았다. 그래서 진정한 상담의 종국적인 목적은 '성장'일지도 모른다. 어릴 때 성장이 중단되었거나 왜곡되었던 유년기의 경험을 교정해 뒤늦은 성장을 돕는 것이다.

과도한 열등감, 수치심, 분노 등으로 정신적 에너지를 모두 이 감정들을 처리하고 다루는 데 쓰고 있다면 당연히 일반적인 성장과 발달은 저해될 수밖에 없다. 생의 단계별로 획득되어야 할 자율성과 호기심, 도전의식, 책임 등이 발달하지 못하거나 위축될 가능성이 높다. 당연히 용기와 배려 등의 미덕도 발달하기 어렵다. 그들에겐 고통스러운 감정을 억압하거나 회피하는 게 우선이기 때문이다.

과거의 상처와 고통스러운 감정을 편안하게 받아들이게 된다면, 부정적 감정을 억압하고 그것을 가짜 감정으로 뒤덮는 데 쓰이던 삶의 에너지는 이제 '진짜 나의 생'을 위해 쓰이게 된다. 그것은 바로 내가 하고 싶은 일과 내가 하고 싶은 사랑에 에너지를 쓰는 것이다. 그것이 바로 성장이고 발달이고 성숙이다.

과도한 열등감과 수치심, 죄책감 등이 문제인 또 다른 이유는, 이들 감정이 삶을 접근동기로 살게 하기보다 회피동기로 살게 하기 때문이다. 우리가 무얼 하게 만드는 '동기'에는 접근동기와 회피동기가 있다. 접근동기란 무엇을 '하는 게' 목적이고, 회피동기란 무엇을 '피하는 게' 목적이다. 공부를 열심히 하는 동기가 '더 많이 알고 배우기 위해서'라면 접근동기이지만, '부모님께 혼나지 않기 위해서'라면 회피동기이다. 결혼을 하는 동기가 '사랑하는 이와 함께 살기 위해서'라면 접근동기이지만, '외롭지 않기 위해서'라면 회피동기이다.

접근동기가 삶을 더 생기 있고 더 적극적이며 더 배우게 만드는 반면, 회피동기는 수동적이고 방어적인 삶을 만든다. 예를 들어, 자전거를 타고 도시를 달릴 때 바람과 속도, 풍경을 느끼려는 목적을 가진 사람과 오로지 넘어지지 않는 것에 목적을 두는 사람은 전혀 다른 체험을 하게 될 것이다.

열등감이나 수치심이 강한 사람은 일의 목적이 성취나 성공 혹은 성장이 아니라, 실패와 망신을 피하는 게 목적이 된다. 죄책감이 강한 사람은 일의 목적이 다른 사람의 성공을 방해하지 않는 게 목적이 된다. 피해의식이 강한 사람은 피해를 보지 않는 게 목적이 되고, 불안이 큰 사람은 다치지 않는 게 목적이 된다.

영국의 유명한 셰프 고든 램지는 "혼나지 않기 위해 냄비를 열심히 닦는 거라면 깨끗한 냄비 외에는 얻는 게 없을 것"이라고 말했다. 마찬가지로 생에서 망신당하지 않고 실패하지 않고 실수하지 않고 혼나지 않는 게 목적이라면, 아무것도 배울 수 없고 따라서 아무것도 이룰 수 없다.

억압, 회피된 감정을 다시 경험하고 지지, 위로받으면서 그 부분에 고착돼 있던 영혼의 굳은살이 부드러워지면, 멈추었던 발달과 성장이 시작되고, 중지된 발달 단계를 다시 밟아나가면서 우리는 종국적으로 나만의 '개별성'을 만나게 된다. 진짜 나와의 만남이 시작된다. 환경과 상처, 원가족 등에 의해 직조된 내가 아니라, 나만의 고유한 감성과 감각, 호기심과 주관을 가진 내가 탄생한다.

인간으로서의 보편성과 나만의 유일성의 교집합, 그게 나이다. 보편적이기에 열등하지도 수치스럽지도 않으며, 고유하기에 평범하지도 진부하지도 않은, 그렇게 보편적이지만 평범하지 않고 특별하지만 우월하지 않은 나를 만나게 된다. 이는 새로운 자아의 탄생이자 진짜 나를 찾는 과정이다.

이 같은 작업을 수행하는 과정에서 우리는 숱한 갈등과 도전에 직면한다. 그중 대표적인 게 부모나 형제, 배우자 등 내가 '가해자'로 인식하는 상대에 대한 분노 폭발이다. 평생 모범생으로 살던 이가 가출하기도 하고, 부부관계가 이혼으로 치닫기도 하며, 회사에 사표를 던지거나, 오랜 친구에게 절교 선언을 할 수도 있다. 그간 참고 억눌렀던 감정들이 봇물처럼 터져나오면서 일어나는 일들이다. 상담을 받고 있다면 주변에서 "상담을 받더니 상태가 더 나빠졌다"는 평을 받기도 한다.

"비난이 끝나고 책임이 떠오를 때 치료는 시작"

과연 나는 순수한 피해자이고, 상대는 순수한 가해자일까? 여기서 우리는 '책임'을 만나야 한다. 어빈 얄롬은 "비난이 끝나고 책임이 떠오를 때 치료는 시작된다"[23]고 말한다. 문요한 정신과 전문의는 "치료자가 구멍을 메워줄 것이라는 기대가 무너지고 스스로 그 역할을 해야 한다는 자각이 들 때 진정한 치유는 시작"[24]된다고 지적한다.

나의 분노와 상처, 원망은 옳지만 내 책임을 통감할 때만이 상처로부터 치유가 시작될 수 있다는 말이다. 왜 나에게도 책임이 있는 걸까? 상처가 발생했을 당시에 내가 느낀 분노와 열등감과 수치심, 모멸감은 옳다. 하지만 그 뒤에 감정을 억압시키기 위해 택한 생존방식은 나의 결정이었기 때문이다. 열등감을 억누르려 구원자가 되었고, 수치심을 없애려 인정투쟁에 나섰으며, 죄책감을 덜기 위해 희생자를 자처하고 나선 것은 나 자신이었기 때문이다. 나의 심리적 생존을 위해 선택한 방식이 있고 그 방식이 심리적 이득이 있었기에 멈출 수 없이 여기까지 왔다는 걸 깨달을 때, 우리는 통렬히 변화하게 된다.

흔히들 '우월감은 열등감의 이면'이라고 말한다. 열등감이 강한 사람이 우월감도 강한 법이라고. 외모에 대한 열등감이 강한 사람은 공부를 잘하는 것에 대한 과도한 우월감을 가질 수 있다. 그 우월감이 외모에 대한 열등감을 가려주기 때문이다. 공부를 못한다는 열등감이 강하다면, 집안이 좋고 돈이 많다는 우월감을 시시때때로 내비칠 수 있다. 그때만이 그 열등감이 상쇄되기 때문이다. 공부도 못하고 운동도 못하고 집안까지 가난한 사람이 있다고 하자. 그의 생존법은, 유머를 발달시켜 사람들을 웃게 만들어서 자신을 공격하지 못하게 할 수도 있고, 아니면 매서운 눈빛을 연마해 주변 사람들이 만만하게 보지 못하도록 만들 수도 있다. 혹은 집단에서 가장 힘이 센 권력자에게 충성을 맹세함으로써 생존을 담보 받을 수도 있고, 모든 사람에게 친절하게 대함으로써 생존을 담보 받을 수도 있다. 어떤 방법이든 생존하는 방식은 내가 택한 것이라는 것이다.

그래서 어빈 얄롬은 "치료적 변화에 있어서 첫 단계는 책임성 가설이다. 만약 어떤 사람이 자기가 처한 곤경에 대해 책임감을 전혀 느끼지 않는다면, 어떻게 그것을 변화시킬 수 있겠는가?"[25]라고 말한다. 만약 내 집에서 불이 났는데, 나의 책임을 찾을 수 없고 남 탓이라고만 생각한다면 앞으로 화재를 대비할 수 있는 방법은 없다. 마찬가지로 내 인생에서 일어난 일들이 모두 남 탓이라면, 나는 생에서 대비할 것이 없다.

만약 나의 상처와 고통에 내 책임은 없고 오로지 부모 등의 가해자 책임만 있다고 여겨진다면, 이 같은 원망이 주는 심리적 이득을 살펴보면 된다. 어쩌면 그 이득은 발달하지 않아도 되고, 성장하지 않아도 되고, 변화하지 않아도 되고, 생의 과업을 달성하지 않아도 되는 것일 수도 있다. 혹은 성장과 배움, 독립을 포기한 불행한 삶으로 부모에게 복수를 가하는 쾌감이 있을 수 있다. 또는 생에서 발생하는 모든 문제의 원인을 가해자에게 돌림으로써 나는 한 점의 오점이나 결함이 없는 순수한 존재로 남는 게 심리적 이득일 수도 있다.

문요한 정신과 전문의는 '피해자 역할'에 머무르려는 심리에 대해 다음과 같이 분석한다. "불행하다고 느끼는 사람들 중에는 불행이 그 사람을 붙잡고 있는 것이 아니라 그 사람이 불행을 붙잡고 있는 경우도 많다. 이들은 한결같이 자신을 '피해자'라고 생각한다. 그러므로 피해자라는 정체성에 맞게 계속 '피해자 역할'에 머물러 있으려고 한다. 겉으로는 자신이 삶의 치유나 성장을 위해 나아가는 것을 바라지만 이들은 결코 그 상태에서 벗어나지 않으려고 한다. 이들에게 치유와 행복이란 피해자라는 자신의 정체성을 부정하는 것이고, 자신의 피해가 크지 않았다는 사실을 인정해야 하는 것이기 때문이다. 그래서 어리석게도 피해자 역할을 고집한다. 자신이 불행에 머무를수록 과거의 고통은 큰 것이고, 자신을 가해한 사람들의 잘못은 더욱 커지기 때문이다."[26]

그래서 '부모만 아니었더라면, 이렇게 살지 않을 텐데'라는 심리는 '내가 이렇게 사는 것을 부모 탓으로 돌릴 수 있어서 다행이다'의 다른 표현일 수 있다.

이승욱 정신분석가는 "내담자를 변화시키는 것이 어려운 게 아니라 그들이 진정으로 변해야겠다고 결심하게 하는 것이 가장 어렵다"면서 다음과 같이 말한다. "고통에서 벗어나지 못하는 이유는 고통에 숨은 쾌락이 있기 때문이다. 고통이 순전히 고통만으로 채워졌을 때, 인간은 그것을 단호히 거절한다. 고통스러운 행위를 계속하는 것은 고통 속에 도사린 작은 쾌락이나 마약 같은 만족이 가끔 단맛을 주기 때문에 멈출 수 없는 것이다."[27]

남들에게 퍼주는 것을 멈추지 못한다면, 자신이 남에게 필요하고 도움이 되는 존재라는 심리적 이득이 막강하기 때문이다. 어떤 이들에게는 매사에 죄책감을 가짐으로써 얻는 심리적 이득(예컨대 도덕적 우월감), 희생하고 헌신함으로써 얻는 심리적 이득(예컨대 '착한 사람'으로 보이는 느낌)은 그 무엇과도 바꿀 수 없는 강력한 단맛이다. 김용태 초월상담연구소장은 "이 심리적 이득 때문에 상담 과정에서의 변화에 대한 저항이 심하다"고 말한다.

그리하여 나는 나로 살게 된다

자신의 상처와 감정을 인정하고 공감과 위로, 지지를 거쳐, 그림자 인격을 통합해 인간으로서의 보편성과 개인으로서의 고유성을 깨달으면 부모와 어린 시절의 상처, 과거에 붙들려 있던 나의 자아와 정서, 인격이 독립하면서 진짜 나의 삶이 시작된다. 다시 말해 '재현reenactment'과의 결별이다. 무의식적으로 반복되던, 멈출 수 없던, 감정과 행위로부터 자유로워진다.

"진짜 인생에 눈을 뜨면 이전으로 돌아갈 수 없다"는 어느 책 구절처럼 우리는 돌아갈 수 없는 강을 건너게 된다. 나는 더 이상 과거의 내가 아니다. 나의 자아는 화학적으로 변화하고 구조와 결합이 달라진다.

오스트리아 정신의학자 알프레드 아들러Alfred Adler는 "자기 자신을 제대로 이해하게 되면, 놀라운 결과를 맞닥뜨리게 된다. 그는 더 이상 과거의 그 사람이 아니다. 습관적으로 했던 말과 행동은 멈추게 되고 진정 자신에게 행복을 가져다줄 수 있는 선택을 하게 될 것"이라고 말한다. 오스트리아 작가 슈테판 츠바이크Stefan Zweig는 "자신을 찾은 사람은 이 세상에서 잃을 것이 없다"고 말한다.

그래서 우리는 어디로 흘러가는가? 나는 나로 살게 된다. 즉,

고유한 자신으로 살아가게 된다. 부모의 기대나 사회적 잣대 혹은 통제할 수 없는 무의식적 충동에 이끌려 살아가는 게 아니라, 나만의 감각을 따라 좋아하는 것을 하며 원하는 삶을 살아가는 것, 융은 그것을 '자아실현self-realization'이라고 보았다.

이는 회피동기보다 접근동기가 더 강한 삶이다. 인생에 고통과 시련, 불행은 다반사다. 고통과 시련, 불행을 최소화하는 데만 삶의 에너지를 쓴다면, 생을 온전히 체험할 수도 느낄 수도 없다. 회피동기는 다치지 않게는 하겠지만 배우거나 성장하지 못하게 만든다. 접근동기는 다치게 할 순 있겠지만 삶으로부터 배우고 성장하게 만든다.

또한 마음속 깊이 울고 있는 어린아이를 떠나보내고, 자율적이면서 책임 있는 어른으로 거듭나는 과정이다. 그것은 책임감이 있지만 자유롭고, 얽매이지 않지만 감당하는 삶이다. 선택하고 결정하고, 그 결정을 감당하고 책임지는 삶이다. 선택을 남에게 미루거나 의존하지도 않으며, 그 결과에 남 탓을 하거나 책임을 피하지도 않는 삶이다. 그 누구에게 지배되거나 종속되지 않으면서, 성공의 영광도 실패의 치욕도 온전히 내 것이 되는 삶이다. 어른이 되지 못한 사람들에게 자율성과 책임은 버거우며 실패는 공포스럽다. 그들은 선택은 의존하고 결과는 회피한다. 어린 시절 형성된 미성숙한 생존방식에서 성숙한 생존방식으로 바뀌는 것, 그것이 어른이다. 선택과 책임, 독립과 성장이야말로 어른의 키워드다.

"장담할 수 있는 것은 나의 성숙뿐입니다. 내적 성숙은 노력한 만큼 가능해지고, 성숙해질수록 행복해집니다. 나만 행복한 게 아니라 주위 사람들도 함께 행복해집니다. 뿐만 아니라 어떤 어려움이 닥쳐와도 그 고난을 수용하고 거기서 또 다른 성숙의 발판을 발견할 수 있습니다. 그럴 때 불행은 더 이상 불행이 아닙니다. 이제 자기 성숙의 길로 들어서세요. 삶의 모든 과정을 자기 성숙의 계기로 삼겠다고 결심하면서요. 그것이 바로 인간이 가야 할 길, 나의 운명이 이끄는 길입니다."[28]

_ 박미라 칼럼니스트

행복을 묻는 당신에게

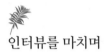

인터뷰를 마치며

'행복의 파랑새'는 가까이에 있다는데, 대체 어디 있는 건지 궁금해서 떠난 길이었다. 그 길에서 만난, 밑도 끝도 없는 '우문'에 친절하게 '현답'을 들려준 열한 분의 심리학자와 정신과 전문의에게 감사드린다. 행복에 대해 물었고 관계를 거쳐 성장이라는 답을 얻었다.

1년여간의 인터뷰를 통해 배운 삶은 '공통점에서 친밀감을 느끼고, 차이에서 배우는 삶'이었다. 같으면 편하고 다르면 배울 수 있어서 좋은 삶. 그래서 관계가 편해지고 갈등과 다툼 속에서도 성장하는, 무섭고 불안한 미래지만 그래도 성장을 위해 용기를 내볼 수 있는 삶, 미움받는 것과 만신창이도 두렵지 않은 삶 말이다.

그러자 더는 '행복 VS 불행'이 인생의 중요한 프레임이 되지 않았다. 대신 성장과 멈춤, 포용과 배제, 독립과 의존이 중요한 프레임이 되었다. 행복은 그저 성장, 포용, 독립의 부산물로 따라올 뿐이었다. 독자분들의 성장과 행복을 응원한다.

김아리

참고문헌

1 서은국, 《행복의 기원》, 21세기북스, 2014, 104쪽.
2 박성덕, 《당신, 힘들었겠다》, 21세기북스, 2017, 179쪽.
3 서은국, 《행복의 기원》, 21세기북스, 2014, 192쪽.
4 문요한, 《천 개의 문제, 하나의 해답》, 북하우스, 2012, 24쪽.
5 김형경, 《천 개의 공감》, 한겨레출판사, 2006, 43쪽.
6 박성덕, 《당신, 힘들었겠다》, 21세기북스, 2017, 169쪽.
7 문요한, 〈문요한의 에너지 플러스〉 744호.
8 조선미, 《영혼이 강한 아이로 키워라》, 쌤앤파커스, 2013, 28쪽.
9 어빈 얄롬, 《폴라와의 여행Momma and the Meaning of Life》, 시그마프레스, 2006, 6쪽.
10 김형경, 《남자를 위하여》, 창비, 2013, 173쪽.
11 김형경, 《남자를 위하여》, 창비, 2013, 173~174쪽.
12 김형경, 《천 개의 공감》, 한겨레출판사, 2006, 192쪽.
13 공지영, 《네가 어떤 삶을 살든 나는 너를 응원할 것이다》, 오픈하우스, 2008, 100쪽.
14 김혜남, 《왜 나만 우울한 걸까?》, 랜덤하우스코리아, 2003, 54~55쪽.
15 윤홍균, 〈한겨레21〉 인터뷰(2017년 9월 4일(인터넷 기준)).
16 최성애, 〈한겨레21〉 인터뷰(2018년 1월 26일(인터넷 기준)).
17 김용태, 《가짜감정》, 덴스토리, 2014, 250쪽.
18 박미라, 《나는 왜 나를 사랑하지 못하는 걸까》, 나무를심는사람들, 2017, 154쪽~155쪽.
19 김태형, 《누구에게나 어린 시절의 상처가 있다》, 21세기북스, 2013, 278~279쪽.
20 문요한, 〈문요한의 에너지 플러스〉 713호.
21 이승욱, 《상처 떠나보내기》, 예담, 2011, 198쪽.
22 엘리자베스 퀴블러 로스·데이비드 케슬러, 《인생 수업Life Lessons》, 이레, 2006, 28쪽.
23 어빈 얄롬, 《쇼펜하우어, 집단심리치료Schopenhauer Cure》, 시그마프레스, 2006, 427쪽.
24 문요한, 〈문요한의 에너지 플러스〉 656호.
25 어빈 얄롬, 《나는 사랑의 처형자가 되기 싫다Love's Executioner》, 시그마프레스, 2005, 122쪽.
26 문요한, 《스스로 살아가는 힘》, 더난출판사, 2014, 116쪽.
27 이승욱, 《상처 떠나보내기》, 예담, 2011, 103쪽.
28 박미라, 《나는 왜 나를 사랑하지 못하는 걸까》, 나무를심는사람들, 2017, 244쪽.